위험한 선택,
국제결혼

위험한 선택, 국제결혼
편집부 엮음

초판 인쇄 | 2010년 09월 10일
초판 발행 | 2010년 09월 15일

엮은이 | 편집부
펴낸이 | 신현운
펴는곳 | 연인M&B
디자인 | 이희정
기 획 | 여인화
등 록 | 2000년 3월 7일 제2-3037호
주 소 | 143-874 서울특별시 광진구 자양동 680-25호(2층)
전 화 | (02)455-3987 팩스 | (02)3437-5975
홈주소 | www.yeoninmb.co.kr
이메일 | yeonin7@hanmail.net

값 15,000원

ⓒ 편집부 2010 Printed in Korea

ISBN 978-89-6253-069-8 03810

이 책은 연인M&B가 저작권자와의 계약에 따라 발행한 것이므로 본사의 허락 없이는 어떠한 형태나 수단으로도 이 책의 내용을 이용하지 못합니다.
잘못된 책은 바꾸어 드립니다.

국제결혼이 우리들의 바로 옆까지 바싹 다가와, 내 친척 또는 이웃이 낯선 나라 사람들과 결혼할 만큼 되었지만 국제결혼이 어떻게 이루어지고 그 실상은 도대체 어떤 것인지 제대로 알고 있는 사람은 전혀 없는 것 같습니다. 국제결혼은 돈벌이에 혈안이 된 국제결혼 브로커들 손에 이루어지거나 한국인의 호적을 이용하여 대한민국에 발을 붙여 정착하려고 사기 결혼을 시도하는 외국인들의 손에 의해 허위 · 위조 서류로 이루어지고 있습니다.

편집부 엮음

위험한 선택, 국제결혼

위조 · 허위 서류로 이루어지는 잘못된 국제결혼의 실상!

연인 M&B

| 서문 |

　국제결혼은 우리들 바로 곁에 다가와 있습니다. 집을 나와 길머리에 나오면 높다랗게 기둥에 매달린 플래카드에 국제결혼을 원하시는 분들을 유혹하는 글귀가 나풀거리고 전철을 타면 눈길 끄는 창틀에 국제결혼을 권하는 쪽지가 있습니다.
　생활정보지를 들쳐 보면 국제결혼 전문가가 권하는 광고가 커다란 자리를 차지하고 있습니다. 국제결혼을 하지 않는다는 게 이상하게 여겨질 만큼 골목골목에는 국제결혼 선전이 차고 넘치며 동사무소나 구청 같은 행정기관 건물에도 국제결혼의 산물인 다문화 가정을 지원하는 프로그램들을 소개하는 홍보물이 가득합니다.
　TV를 틀어 봐도 국제결혼한 사람들이 쌍쌍으로 나와 한국 생활에 대해 미주알고주알 이야기하며 고향에 대한 그리움을 토로하는 이야기로 가득합니다.
　국제결혼이 우리들의 바로 옆까지 바짝 다가와, 내 친척 또는 이웃이 낯선 나라 사람들과 결혼할 만큼 되었지만 국제결혼이 어떻게 이루어지고 그 실상은 도대체 어떤 것인지 제대로 알고 있는 사람은 전혀 없는 것 같습니다.

  국제결혼은 돈벌이에 혈안이 된 국제결혼 브로커들 손에 이루어지거나 한국인의 호적을 이용하여 대한민국에 발을 붙여 정착하려고 사기 결혼을 시도하는 외국인들의 손에 의해 허위·위조 서류로 이루어지고 있습니다.

  그래서 선량한 한국인들이 허위·위조 서류로 이루어지는 국제결혼의 피해자로 전락하고 있지만 국제결혼 절차에 대한 무지와 몰이해로 막상 큰 피해를 입고도 그 피해당한 사실조차 알지 못하고 있습니다.

  사정이 이러하지만 한국 땅에서 인연을 찾지 못한 많은 이들이 위험한 국제결혼의 덫을 향해 한 걸음 내딛기를 하고 있는 현실이기도 합니다.

  나라마다 결혼 풍습이 다른 만큼 결혼등록과 서류준비 절차도 달라 국제결혼을 준비하는데 있어 세심히 신경 써 준비해야 할 서류들이 여러 가지 있지만 쉽고 편하게 결혼하자는 마음과 국제결혼 브로커의 농간 및 사기 결혼을 기도하는 외국인들의 음흉한 속셈으로 국제결혼 서류들의 상당부분이 가짜로 이루어지고 있습니다.

  그래서 위조·허위 서류로 이루어지는 국제결혼으로 피해를 보는 대한민국 국민들의 숫자를 최소화하고자 국제결혼 서류들의 유통과정을 개략적으로나마 이해할 수 있도록 하고자 합니다.

  위조·허위 서류에 대해 이해하게 되면 정상적인 결혼 절차에 대해서도 명확히 이해할 수 있게 될 것이고 국제 사기 결혼으로 인한 피해도 줄어들겠지요.

2010년 여름
편집부

Contents

04 _ 서문

 호적은 마음대로 멋대로

12 _ 국제결혼 서류가 위조 · 허위 서류가 된 원인

21 _ 인증과 아포스티유협약에 대한 이야기

27 _ 공증

34 _ 파키스탄인이 제출하는 허위 문서 중 하나

38 _ 파키스탄인이 제출하는 결혼구비 허위 문서 중 또 하나

43 _ 신문 기사 하나

50 _ 호적은 마음대로 멋대로

64 _ 이런 재판이 벌어지면

67 _ 파키스탄인이 제출하는 결혼구비 허위 문서 중 다른 하나

74 _ 나이지리아 위법 문서에 의한 한국인 결혼신고

82 _ 나이지리아 허위 문서

88 _ 나이지리아인과 결혼의 끝은

93 _ 위조 서류로 시작하고 위조 서류로 끝나는
       한국인과 중국인의 결혼

Contents

한국 호적은 누더기

106 _ 중국 결혼 서류 미혼공증서 이야기

113 _ 중국 법에 위법이라도 한국에서는 합법

120 _ 미쳐가는 호적관서

128 _ 가도 가도 왕십리

136 _ 서류 위조하지 않으면 불가능한
    중국인 결혼사증발급인정신청

143 _ 가짜 한국 사람 된 진짜 중국인들에게
    한국 국적 무효처리하면 어찌되나

147 _ 한국 호적은 누더기

152 _ 외국인 배우자의 재판 이혼 소장 하나

155 _ 방글라데시 Nikhanama(성혼선언문)

162 _ 방글라데시인의 한국인과 결혼에서 허위 서류

166 _ 방글라데시 결혼 서류 하나

172 _ 방글라데시 결혼 구비 서류 하나

176 _ 러시아 결혼 서류 하나

179 _ 베트남 국제결혼

186 _ 한국인과 결혼한 베트남 남자의 이혼 서류 하나

결혼신고 서류들에 대한 불편한 진실

192 _ 베트남 결혼신고 서류 하나

200 _ 베트남 결혼증명서

207 _ 베트남 위조 서류들

208 _ 인도네시아 위조 서류들

219 _ 필리핀 여자와 한국인 남자의 결혼에 사용되는 서류

224 _ 필리핀 남자와 한국인 여자 사이 결혼에 사용되는 서류

227 _ 미국인과 한국인 국제결혼

231 _ 미국인들이 한국인과 결혼하기 위해 사용하는 가짜 서류

237 _ 미국 Marrage licence 샘플

239 _ 호주 가짜 서류, 노골적으로 솔직한 호주 대사관

241 _ 한국인과 결혼하는 영국인 가짜 결혼신고 서류

243 _ 한국인과 결혼하는 캐나다인 가짜 결혼신고 서류

246 _ 한국인과 결혼하는 스리랑카 가짜 결혼 서류

250 _ 우즈베키스탄 결혼등록 서류

254 _ 우즈베키스탄인이 결혼신고할 때 사용하는 가짜 문서 하나

256 _ 인도인이 한국인과 결혼할 때 사용하는 문서 하나

260 _ 결혼신고 서류들에 대한 불편한 진실 하나

호적은 마음대로 멋대로   제1부

국제결혼 서류가 위조·허위 서류가 된 원인

우리나라는 결혼식장에서 결혼하고 구청에 가서 여자 측 미혼임을 확인할 수 있는 가족관계부를 첨부하여 혼인신고하면 부부가 함께하는 가족관계부가 형성되어 결혼의 공식적인 절차가 마무리됩니다.

그러나 외국의 경우 결혼식과 혼인신고라는 이 단계 공식 절차로 이루어지는 경우가 많습니다. 결혼식 장면이 나오는 미국 영화에 보면 목사가 성혼선언서에 서명을 함으로써 첫 단계 결혼 절차가 이루어집니다.

종교적 절차와 공식 절차가 인정되는 곳에서는 이런 결혼증명서를 가지고 행정기관을 찾아가 결혼등록하는 절차를 이행하게 됩니다.

우리나라에서도 목사님이나 신부님이 집전하는 결혼식을 주재하는 경우 성혼선언문을 낭독하고 부부가 함께 서명하도록 하지만 결혼신고할 때는 이런 성혼선언문 또는 결혼증명서가 필요하지는 않습니다. 기독교 계열 국가처럼 이슬람권 국가도 이런 이 단계 절차를 가지고 있지요. 종교적 절차에 의한 성혼선언서 형태의 결혼증명서를 한국의 호적관서에서는 행정 절차까지 이행한 것으로 오인합니다.

그래서 공식 결론으로 용납될 수 없는 종교 절차에 의한 결혼증명서로 허위 결혼신고가 이루어지고 외국인이 가족관계부에 한국인의 배우자로 기재되게 되어 종내는 대한민국 국적까지 따게 됩니다.

국제결혼에서 한국 호적관서에 혼인신고하는 방법에도 2가지 방법이 있습니다.

한 방법은 먼저, 외국인의 본국에서 결혼하지 않았다는 증명, 즉 미혼이라는 것을 증명할 수 있는 그 나라의 국가기관에서 발급한 공적서류를 준비해서 그 원본과 영문 번역본을 외국인의 본국 공증인 사무실에서 공증을 받습니다.

그 다음, 외국인 본국의 외교부에서 인증을 받은 후 한국 대사관에서 인증을 받아 한국 호적관서에 제출하여 혼인등록하는 방법입니다.

이 방법은 한국에서 혼인신고한 뒤 결혼신고된 가족관계부를 떼서 외국인의 본국에 있는 결혼등록기관에 혼인신고하여야 비로소 국제결혼 절차가 양국에서 원만히 이루어진 것으로 인정됩니다.

다른 한 방법은 한국인이 미혼이라는 증명서, 즉 가족관계등록부를 떼어서 영문 번역한 뒤 원본과 함께 공증인 사무실로 가서 공증을 받습니다.
그리고 한국 외교부에 가서 인증하여 결혼하려는 외국인의 주한 대사관에서 인증을 받은 뒤 외국인 본국의 결혼등록기관에 혼인등록하는 방법입니다. 그 후 외국인 본국에서 결혼등록된 증명서를 발급받아와 한국 혼인신고기관에 혼인신고하는 것입니다.

국제결혼은 이렇게 양 국가의 혼인등록기관에 혼인등록이 되어야 제대로 된 국제결혼이 되었다고 할 수 있는 것입니다.
호적관서 공무원 또는 국제결혼과 관계되는 여타 공무원님들의 혼인의 이 단계 절차와 결혼등록의 이 단계 절차에 대한 몰이해로 위조·허위 국제결혼 서류들을 판별해내지 못하여 반쪽 결혼만 진행되어도 국제결혼 절차가 다 된 것으로 착각, 국제결혼 절차의 완결 여부를 확인하지 않아버립니다.
공적문서의 국가 간 유통절차와 공증문서의 효과에 대한 몰이해도 국제결혼 서류가 허위·위조로 대한민국 호적관서에 혼인신고됨에 일조를 합니다.

　행복한 국제결혼을 하고자 원하신다면 허위·위조 서류로 이루어지는 국제결혼은 하지 않아야 합니다.
　허위·위조 서류로 된 국제결혼을 하여 아이를 낳고 살지라도 외국인이 한국 국적을 따는 순간 한국인에게 파국의 순간이 다가옵니다.
　이러한 국제결혼의 위험을 이해하여, 적법한 결혼 절차와 합법적인 서류들로 정상적인 결혼생활이 가능함을 명심하여야 할 것입니다.
　부모님과 나의 관계는 하늘이 결정한 천륜의 관계라 태어난 환경은 훗날 뼈를 깎는 노력과 천운으로 팔자를 뒤집기 전까지 어쩔 수가 없습니다.

　사람은 결혼으로 다시 한 번 태어납니다. 결혼할 반려자는 사람의 의지와 뜻으로 고르고 바꿀 수 있기에 인륜이라 합니다. 사람은 이렇게 천륜, 인륜 두 번의 태어남으로 일생의 고락이 결정됩니다.
　결혼은 부모가 꾸리고 만든 견고한 가족이란 울타리와 껍질의 틀을 깨뜨리고 나와 독립한 일가를 이루겠다는 강고한 의지의 산물입니다.
　그렇지 않고 다만 부모님과 함께하는 가족관계의 틀 속에 포함되는 또 하나의 가족 구성원을 받아들인다는 마음가짐의 소산이라면 위태롭기가 짚불 위의 검불과 같을 것입니다.

 딸 같은 며느리라고 말할 때 가족의 한 구성원으로 들어오는 신데렐라 딸을 염두에 둘지 모릅니다. 아들 같은 사위라고 하며 가족의 한 구성원으로 인정하겠다고 할 때는 마당쇠 사위를 염두에 둘지 모릅니다.
 결혼으로 일가를 이루는 자식들을 일생 품에 두겠다는 의지의 표현이고 가족의 일원이 된 새로운 자식은 내 자식의 도우미나 종속물 정도로 여기겠다는 한 표현으로 여겨집니다.

 이 땅에서 인륜으로 맺어가는 과정에도 장애가 겹겹이며 모든 장애를 극복하여 인륜관계가 잘 맺어졌을 경우도 나날이 다툼이 있다고 하는데 문화풍습과 사람이 전혀 다른 국제결혼은 그 두터운 장애의 벽이 얼마나 높고 크겠습니까.
 그럼에도 한국에서 국제결혼하여 살아가겠다는 의지를 가진 외국인은 그 강렬한 의지만큼 마음속 깊은 곳에 갈무리한 꿈도 남다르고 강고할 것입니다.

 결혼은 인생에서 두 번째 태어남입니다. 새로운 세상, 새로운 환경은 반려자와 함께 만들어 가야 합니다. 꿈꾸고 기대하며 함께 만들어 가는 세상이 아니라 일방의 반려자가 원하는 일방적인 세상을 위하여 맹목적으로 굴종하여 따라가야만 한다고 하면 그 실망과 좌절감은 유황불에 던져진 느낌과 마찬가지일 것입니다.

비슷한 풍습, 환경에서 자라고 교육받아 생각하는 바가 한가지로 비슷하다면 쉽게 마음을 맞추고 함께하기가 편하겠지만 사소한 먹거리 하나에도 뜻을 달리하여 다툼이 있다면, 살아가면서 달리하여야 하는 뜻은 얼마나 크고 많을 것이며 다툼은 얼마나 잦겠습니까.

마음을 감추고 뜻을 숨겨 위조·허위 서류로 국제결혼을 성사시킨 사람과 함께한다면 하루하루 살아간다는 것이 날선 작두 위에 춤추는 것과 마찬가지일 것입니다.

그렇게 해서 이룬 결혼, 해와 달을 걸어 맹세하고 하늘을 우러러 다짐하며 봄날의 꽃동산처럼 영원히 아름다울 것이라고 붉은 심장에 금강석 정으로 쪼아 아로새긴 사랑의 결실인가요.

모질고 악독한 자들이 봄꽃처럼 화사한 눈빛과 달콤한 입술을 달싹이며 가슴 저미는 약속을 전지전능한 신의 이름으로 할 때, 각박하고 메마른 삶의 사막을 헤매다가 신기루에 이끌려 들 듯 끌려든 개미지옥 같은 함정인가요?

참으로 모질고 악독하구나. 위조 서류와 허위 서류로 시작하는 국제결혼이 진정한 사랑의 결실인 줄 알고 결혼생활에 헌신적인 희생을 다할 것을 꿈꾸는 이들에게는 음침한 모래 함정 속에서 기다리고 있는 개미귀신의 턱에 목줄이 아금차게 물린 고통을 주고.

참으로 좋구나! 위조 서류와 허위 서류로 시작하는 국제결혼이 세상살이 한 수단이요 가볍게 쓸 만한 방법인 줄 아는 이에게는 다루기 쉽고 가지고 놀기 쉬운 노리개와 턱없이 멍청한 노예를 마련하는 멋들어진 수단이 되구나.

국제결혼이 허위와 거짓 서류로 이루어지게 된 연유가 무엇인가. 무지한 담당자님들의 무심한 일처리가 수많은 국제결혼 희생자를 만들어 낸 가장 큰 원인의 알파와 오메가요 그 전부입니다.

더구나 아직 무슨 큰 잘못을 저지르고 있는지 제대로 알지 못하고 있으니 철퇴를 휘둘러 그 돌머리를 치고 날카로운 대팻날로 두텁게 백태 낀 그 눈꺼풀을 밀어내어야 까맣듯 놓은 정신줄이 조금은 돌아오고 먹물 속처럼 캄캄한 앞이 희미하게나마 맑아져 볼 수 있을 건인가.

위조 서류, 허위 서류로 하는 국제결혼신고 접수는 가장 먼저 호적관서에서 시작합니다.

외국에서 발행된 결혼관계 서류들이 결혼신고에 적합하고 유효한 서류인지 아닌지, 구별하여 혼인신고 접수해야 했습니다.

그랬다면 위조·허위 서류로 된 국제결혼 서류로 순진한 한국인들을 상대하여 더러운 유혹질을 할 염을 애초부터 싹틔우지도 못했을 것입니다.

국제결혼 서류를 허위·위조로 하는 자들은 어떤 나라, 어떤 국민들인가요.
파키스탄, 나이지리아, 방글라데시, 중국, 러시아, 베트남, 필리핀, 인도네시아, 미국, 영국, 캐나다, 호주 등등 뭐 전 세계인입니다.
이들은 한국에 입국하여 푸른 초원 위에서 평화로이 풀을 뜯고 있는 영양들을 노려보는 하이에나처럼 결혼 상대라는 사냥감을 노리며 사랑이란 이름의 악독한 덫을 칩니다.

똑똑한 대한민국의 담당자님들이 허위·위조 서류로 된 혼인신고서를 척척 받아주고 인정해 주니 사랑의 올가미에 덜컥 걸려 버둥거리며 애처롭게 혼인신고에 매달립니다.
이런 이들에 의해 대한민국 호적관서에 제출되는 허위·위조 국제결혼 서류들의 실제 견본 서류를 보며 이야기하겠습니다.

외국인을 일생의 반려로 맞이하고자 하는 한국인들이여 허위·위조 서류로 대한민국 호적관서에 혼인신고하려는 자들의 사랑은 진실된 진정한 사랑이 아니라 허위·위조로 날조된 사랑임을 알아야 하지 않겠는가.

  실제 견본을 보고 이야기하기 전, 왜 허위·위조 서류인지에 대해 이해하고, 이유를 알기 쉽도록 하기 위해 국가 간 공적 서류유통에 대해 이야기하고 국가 간 공적 서류유통의 정상적 과정이 필요한 이유에 관해 먼저 잠깐 이야기하겠습니다.

인증과 아포스티유협약에 대한 이야기

"빠가야로."

한민족의 역사에 엄혹한 시련을 안겨준 악독한 일제강점기 시대가 종언을 고한 지도 65년이나 된 지금 명동 번화가 대로에서 일본 경찰 정복을 착용한 일본 교통경찰이 일본 교통법규에 따라 대한민국 국민을 상대로 일본 말씀으로 위엄 있게 주차단속을 사정없이 하며 딱지를 떼고 있습니다.

이런 것을 목격하신 명동대로의 대한민국 신사숙녀 여러분들 중,

"어, 김두한 영화 찍는 거 아냐."

뭐 이정도 여기며 구경하려고 하는 분들이야 정상이겠지만 "역시 선진 일본의 경찰이 나서야 조센징들이 정신 차리고

교통질서를 지킨단 말이야."

 하는 놈들은 새로운 일제강점기를 기꺼이 환영하는 미친 친일 앞잡이들 아니겠습니까.

 일본이 대한민국을 지배하고 있지 않은 이상 대한민국 수도 명동의 교통질서가 아무리 어지럽기로서니 어찌 일본 교통법규를 적용하여 교통질서 단속을 할 수 있겠습니까.
 마찬가지로 대한민국 공권력이 너무 약하다고 강력한 공권력을 발휘하는 중국 공안원들의 힘을 빌려 중국 법에 따라 거리질서를 유지하거나 시위·집회를 통제하려는 경우의 예도 생각해 볼 수 있겠지요.

 예를 든 이런 경우가 대한민국 땅 어느 곳에서 일어난다면 열혈 한국인들이 감연히 자폭 공격이라도 가하여 박살내버리지 절대 묵과하여 가만두지는 않을 것입니다.
 혹 묵인하고 지나치는 사람들이라면 대한민국이 외국의 어느 나라에 강점되어도 나만 괜찮으면 괜찮아 하는 노예근성이 골수에 사무친 쓰레기 개 잡종 같은 홍복원·홍다구 이런 자들 아니겠습니까.

 또한 미국 LA에 살고 있는 대한민국 사람이 미국 로또 1,000억짜리를 터트렸다거나 라스베이거스에서 1,000억짜리 잭팟을 터트렸다고 대한민국 국세청이 대한민국 세법에 따라 세금고지서를 미국으로 송부한다면 그 세금고지서가 미국에서 유효한 공적 서류로 인정되겠습니까.

그 세금고지서는 그냥 휴지통으로 직행해야 할 휴지쪽지이지요. 세금납부 안 한다고, 그래서 압류하겠다고 세무 공무원을 미국에 파견하면 미국은 어떻게 하겠어요.

미 태평양함대를 부산 앞바다에 보내 "야 이 미친놈들아, 미국이 너희 땅이냐. 미국 법이 있는 곳에 왜 한국 법을 적용하려 하느냐. 이에 대한 대응조치로 대한민국에 미국 세법이 바로 적용되게 하려고 우리가 왔다. 모다 항복하라." 이러겠지요.

인증 이야기한다고 하더니 말도 안 되는 엉뚱한 이야기한다고요. 아닙니다. 이것이 인증 이야기입니다.

공적 문서는 그 공적 문서를 유효하게 하는 그 나라의 법률에 따라 발급되어 사용되게 되어 있습니다. 그 문서들이 다른 나라에 직접 사용된다면 일본 교통법규가 대한민국 명동대로에 그대로 적용되는 것처럼 그 문서 발행국가의 법률이 다른 나라에 직접 적용된다는 것을 의미하는 것으로 심각한 주권침해행위가 되는 것입니다.

그러므로 군법, 경찰법 적용이든 일반 법률이든 타국의 법이 독립국가의 주권 영역에 직접 적용되는 일 같은 침해행위는 결코 용납될 수 없는 것입니다.

　지구촌 일일시대가 도래하여 나라 간 사람의 교류가 이웃 마을 나들이하는 만큼 잦아졌습니다. 나라 간 공적 문서, 예를 들자면 가족관계증명서, 주민등록등본, 졸업증명서, 토지등기부등본 등등의 공적 서류들이 외국에서 사용되어야 할 경우도 참 많아졌습니다.
　공적 서류는 그 공적 서류가 발행되는 나라의 문자로 되어 있어 타국에서는 진짜인지 가짜인지를 가려내기도 극히 어렵습니다. 또한 공적 서류는 발행 국가의 그 공적 서류에 관한 법률에 따라 발행되므로 타국의 사용승인 없이 타국에 직접 사용되게 된다면 주권침해행위가 된다는데 어떻게 사용하느냐고요.

　그래서 인증제도가 필요한 것입니다. 공적 서류가 타국에 사용되기 위해서는 우선 문서를 발행한 국가의 외교부에 가서 이 문서를 다른 나라에 사용하려 하니 인정해 주십사 하면 그 나라 외교부에서는 외국에 사용하려는 문서가 나라 망신시킬 가짜 서류는 아닌지 발행해야 할 권한 있는 기관에서 정상적으로 발행된 문서인지 검토해 보고 정상적인 서류로 다른 나라에 사용해도 좋다고 판단되면 사용인정하여 인증하게 됩니다.

　외교부 인증을 받으면 사용하고자 하는 나라 대사관을 찾아가 이 문서를 당신네 나라에 사용하려 하는데 허가해 주십시오. 하면 그 주재국 대사의 권한으로 우리나라에 사용함에 문제없는 서류로 인정합니다. 하는 의미의 인증날인과 서명을 하게 되며 이런 과정을 거친 서류는 사용하고자 하는 국가에서 합법적이고 정상적인 공적 서류로 사용가능해지는 것입니다.

 이렇게 정상적인 인증을 거친 공적 서류는 발행국가에 대해 이 서류가 정상적인 서류요 아니요 하고 확인 가능하여야 하며 확인 불가능하거나 잘못된 서류란 것이 밝혀진 경우 외교 경로를 통하여 속으로는 "이 거지 같은 자식들아, 공적 서류 하나 제대로 발행하지 못하고 확인도 제대로 못하는 후진 행정 하는 놈들아." 하고 욕을 하면서도 겉으로는 극히 정중한 표현으로 점잖게 강력한 항의를 할 수 있어야 합니다. 그러면 정중한 사과표시로 나라끼리 "에이 미안해 잘못했어." 하는 따위의 표현은 할 수 없잖아요. 다만 그 공적 서류를 발행한 책임자와 확인 인증한 자를 문책하고 그 내용을 통보하는 형식으로 사과하게 되겠지요.
 아예 생 까고 사과 안 하면 방법이 없잖아 하시겠지만 발행국가의 공적 서류들은 다른 나라에서 인정되지 못하는 불이익을 감수해야 하고 그 공적 서류가 제출된 국가에서는 불인정이나 거부로 대응 조치하는 방법을 취하게 된다는 것이지요.

이런 외교적 분쟁사태가 발생하지 않도록 하기 위해 공적 서류 발행국가 외교부에서 인증은 신중히 하게 되고 그런 과정을 정상적으로 거친 인증된 서류는 신뢰할 수 있는 공적 문서로 타국에서 받아들여지게 됩니다.

그런데 이런 인증제도는 공적 서류 발행국의 외교부, 그 공적 서류가 사용될 국가의 대사관 또는 영사관을 거쳐야 하는 등 절차가 번거롭고 시간과 추가 비용이 드는 등 불편함이 많으므로 그 절차를 간소화하고자 세계 여러 나라들이 합의를 한 것이 아포스티유협약입니다.

아포스티유협약 가입 국가 간에는 공적 서류 발행국의 외교부에서 그 공적 서류의 진실성을 확인하여 아포스티유 인증을 하게 되면 그 공적 서류 사용국의 주재 대사관이나 영사관에서 인증을 받은 것으로 간주하게 되는 인증 간소화 조약이라고 할 수 있습니다.

대한민국도 2007년 이 협약에 가입한 가입국입니다.

공증

쿨한 것 좋아하는 세상 한 쌍의 커플이,
"만일 만일에 나중에 헤어질 경우에 휴대폰 문자로 이별 통보하는 썰렁한 일은 절대 하지 말자…응?"
"그래…그래 절대 그럴 일은 없지이…… 우리 사랑은 영원하니까."
"그럼 우리 휴대폰 문자로 이별 통보 절대 없기 공증해 놓자."
"알았어, 알았어! 우린 진짜 사랑하는 거니까 이별은 없어 공증하자."
그래서 공증인 사무실에 가서,
"휴대폰 문자로 이별 통보하는 사람은 부모님에게 상속받는 게 있으면 그 상속분 전부를 이별 통보받은 사람에게 준다. 진짜로….”

하는 내용의 공증을 공증수수료 30,000원 내고 공증문서로 해놓았습니다.

그런데 딱 100일 뒤 연놈 앞에 더 멋진 연놈이 나타나는 통에 전 연놈에게 이별 통보를 해야 하는 상황이 생겼는데 만나서 하자니 껄끄럽고 해서 평소 습관대로, "이제부터 우린 끝장이야 꺼져버려." 하고 무심결에 문자질로 이별 통보를 했습니다.

한 십 년 뒤 배신한 연놈의 아버지가 딱 돌아가버렸습니다. 그런데 십년 전에 10,000원짜리 자갈밭 천 평이 개발바람에 갑자기 천 배로 뛰어올랐다고 합시다.

기분 좋게 상속등기해 놓자, 사랑의 배신에 절치부심하고 있던 배신당한 연놈이 "좋아 한 번 당해 봐라." 하고 저장해 놓았던 문자 이별 통보와 공증문서 가지고 법원 찾아가 집행 신청하면 재판할 필요도 없이 그 공증 내용대로 아버지로부터 상속받은 모든 재산은 배신당한 연놈에게 이전이 이루어지게 되는 것입니다.

멍청한 배신한 연놈 공중전화로 이별 통보했으면 아무런 탈이 없었을 것인데….

다시 유언을 예로 들어 보겠습니다.

"어이고 내가 죽을 때 다 되었구나!" 하고 나이가 들어 노망

이 살짝 갔으나 몸은 멀쩡하게 건강하신 분이 공증인 사무실에 찾아가 공증을 합니다.

안방 금고 속에 있는 금송아지는 큰 놈이 가지도록 하고 장판 밑에 깔아놓은 무기명 국채는 둘째가 하고 셋째에게는 은행 대여금고에 맡겨놓은 구성전자 주식 전부를 물려주며 막내에게는 여의도 광장을 물려준다, 라는 내용의 공증을 해 달라고 합니다.

공증인 사무실에서는 공증수수료 받고 그냥 공증해 줍니다. 그 내용이 진실된 사실인지 확인하지 않고 말하는 대로 그 말을 바탕으로 문서를 작성하여 공증을 해 주며 그것이 법률문서로 유언장이 됩니다.

그 말이 사실과 부합하면 공증한 내용대로 법적 효과가 있어 그대로 집행하게 되고 그 내용이 사실과 부합하지 않으면 법적 효과가 발생하지 않고 그만인 것입니다.

즉 '공증인 앞에 요런 말씀을 하였다. 이런 내용의 문서를 확인하였다. 상호합의하에 문서를 작성하였다.' 는 식으로 공증인 앞에서 말하거나 확인한 내용대로 공증인 법에 따라 공증하는 것입니다.

공증인 사무실은 공적 문서를 발급하는 국가기관이 아니고 공증인 법에 따라 민간 법률가가 공증을 하게 되어 있습니다.

외국에 있는 자국 국민이 본국에 사용할 수 있도록 하기 위하여 대사관이나 영사관에서 공증업무를 할 수 있도록 하였으며 대사관이나 영사관에서 한 공증 문서는 해당 국가에서만 유효하고 그 영사관이나 대사관이 주재하고 있는 국가에서는 그 국가의 공증법이 적용된 공증 문서만 사용가능합니다.

타국의 공증법에 의해 타국 대사관이나 영사관에서 공증한 문서가 자국에 직접 사용된다면 주권침해행위를 결과하므로 결코 용납될 수도, 되어지지도 않습니다.

외국에서 본국에 귀국하여 본인이 직접 일을 처리할 수 없을 때 자국 대사관, 영사관을 찾아가 나를 대신하여 본국에 있는 모모씨가 일을 처리할 수 있다. 모모씨 주소는 뭐고 주민등록번호는 뭐다. 하고 업무 위임장을 작성하여 영사 공증을 받아 본국으로 보내면 그 모모씨가 공증한 내용에 부합하는 자라면 외국에 있는 자를 대신하여 공증하여 보낸 내용의 범위 내에 본인을 대신하여 일을 할 수 있습니다.

그런데 그렇게 공증한 모모씨가 실재하지 않은 사람이거나 이미 사망한 사람일 경우 그 공증하여 보낸 위임장은 효력이 없는 그냥 단순한 종이쪽지에 불과해지는 것이지요.

공증을 해 줄 때 공증한 영사는 모모씨가 존재하는지 어떤 자인지 확인할 책임도 할 필요도 없이 공증하여 달라고 요구하는 대로 해 주기만 하면 되고 공증 내용의 실현이나 사실과의 부합 여부에 대해 확인할 책임도 의무도 없는 것입니다.

공증은 공적 문서이든 사적 문서이든 관계없이 '모든 문서를 법률가인 공증인이 확인한 내용이 어떠하였다. 공증한 사실과 부합할 경우 공증 내용은 법적인 효력이 있다.' 는 것을 확인해 주는 행위입니다.

그래서 공증한 형식이나 틀보다 그 내용이 중요하며 글자 한 자 점 하나가 공증한 내용 전체를 결정하므로 공증문은 그 내용을 철저히 검토해야 합니다.

콤마 두 개가 문장의 내용 전체를 완전히 상반되게 만든다는 영작문 중학교 참고서를 보았을 것입니다.

영어든 뜻글자인 한자이든 글자 한 자 한 자 잘 뜯어보고 살펴보아야 하는 것이 공증 문서인데 진본과 비슷한 형식과 틀만 보고 정상적인 서류인 줄 오인하는 많은 분들이 참으로 많이 있습니다.

입산통제,
입산통지,

한글로 된 글이라도 모음 하나 덜 붙이거나 더 붙이는데 따라 글 뜻이 전혀 상반되게 되는데도 불구하고 공증된 국제결혼 서류의 이름, 글자들이 조금 틀려도 그럴 수도 있지 하고 통 크게 이해하는 하늘 아래 둘도 없이 답답한 분들이 공무를 집행하고 있습니다.

 자신이 접수하여 받아들고 있는 서류가 공증된 서류이고 공증 서류가 무엇을 의미하는지에 대해 아예 정신 줄을 놓은 모양입니다.

 그래도 글자 조금 틀린 것을 인식하는 분들은 문서를 한 번 쳐다보기라도 한 분이지만 아예 영문으로 되거나 간자체로 된 한자문은 보기가 두렵고 겁나 들쳐보지도 않는 분들이 가득한 것 같습니다.

 이것이 모든 국제결혼 서류가 위조·허위로 이루어지게 된 시발점이고 뿌리입니다.

REPORT AND CERTIFICATE OF MARRIAGE

THE HONORABLE
THE MAYOR OF THE SPECIAL CITY OF SEOUL, KOREA
The following marriage is hereby reported

BRIDEGROOM	BRIDE
NAME :	NAME :
Father's name :	Father's name :
Mother's name :	Mother's name :
Permanent Address : Gangdong-gu, Seoul Korea	Permanent Address : Quater D-1, Green Town Block-5, Lahore pakistan
Present Address : Uijeongbu-si, Gyeonggi-do Korea	Present Address : Wonmi-gu, Bucheon-si, Gyeonggi-do korea
Date of birth :	Date of birth :
Occupation : Employee	Occupation : Student
Bridegroom's citizenship proven by : Korea ID No.	Bride's citizenship proven by : **Pakistan** Passport No. :
Previous married to(List all previous marriage):Ever had Termination by death,date : Divorce : Court : Case No. : Decree date : Date divorce final :	Previous married to(List all previous marriage):Ever had Termination by death,date : Divorce : Court : Case No. : Decree date : Date divorce final :
(Bridegroom)	(Bride)
Witness Name : Date of Birth : Present address :	Witness Name : Date of Birth : Present address :

THE MAYOR OF THE SPECIAL CITY OF SEOUL, KOREA, HEREBY ACCEPTS NOTIFICATION OF THE ABOVE MENTIONED MARRIAGE.

THE MAYOR OF THE SPECIAL CITY OF SEOUL

REPUBLIC OF KOREA)
SPECIAL CITY OF SEOUL) S.S. 2005. 8. 18
EMBASSY OF pakistan)

I, _____, Consul of _____ at Seoul, Korea, duly commissioned and qualified, do hereby certify that whose true signature and official seal are, respectively subscribed and affixed to the foregoing certificate, was on the _____ day of A.D. 200 , the date thereof, the Mayor of Special City of Seoul, to whose official acts, faith and credit are due. For the contents of this document, I assume no responsibility.

IN WITNESS WHERE OF I HAVE HEREUNTO SET MY HAND AND AFFIXED THE SEAL OF THE EMBASSY OF THE _____ AT SEOUL, KOREA ON THIS 2005. 8. 18 DAY OF _____ A.D.2005

No: 388/2005
Df: 17-08-2005

Imtiaz Ahmad
Counsellor
Embassy of Pakistan
Seoul

파키스탄인이 제출하는 허위 문서 중 하나

　파키스탄인이 한국인과 결혼신고를 위해 대한민국 호적관서에 제출하는 문서 중 하나입니다.

　중고등학교 시절부터 무슨 종합영어 달달 외우느라 학교 오갈 때 통학버스 속에서 영어단어장 째려보며 미친 대사님 염불 외듯 중얼중얼 외운 것도 모자라 없는 부모님 주머니 쥐어 짜내 학원 신세 숱하게 지며 토익·토플 공부한 덕에 공직 시험 공부 통과한 사람들 한둘이겠습니까. 그런데도 영어를 보기만 해도 석 달 된 갓난아기 경기하듯 파랗게 질려버립니다.

　영어로 된 문서는 너무 고귀하고 거룩하여 쳐다보기도 어렵고 죄송하여 아예 범접하기도 겁나 하는지 도무지 그 이유를 모르겠습니다.

호적관서 혼인신고 접수하시는 분은 파키스탄인과 한국 사람이 혼인신고 서류라고 제출한 서류가 어디서 작성한 무슨 내용인지 국록을 축내는 만큼 고민하여 잘 살펴보아야 하지 않겠습니까.

묻겠습니다. 한국인 여자와 모모 외국인이 깊고 깊은 사랑 사연이 있어 깊은 산골 암자에서 그들만의 결혼식을 올리고 그 암자 대사님이 결혼식 올린 증거로 '너희들 결혼했다.' 하고 붓글씨로 한 장 적어준 종이 가져오면 그 종이를 근거로 국제결혼신고 받아줄 겁니까.
절대 안 받아주시겠지요. 어, 그런데 위에 있는 영어 종이쪽지가 그런 것입니다.

한 번 우르러 뵙기도 어려운 성스러운 영어로 모양 있게 작성된 문서가 왜, 왜—그러냐고요. 주—욱 밑을 보세요. 주—욱 가장 밑을…, 겁나는 영어는 보지 말고 제일 밑에 깔려 있는 세종대왕님의 위대한 업적으로 깨알처럼 '재단법인 한국이슬람교'라고 적혀 있는 것을, 재단법인 한국이슬람교가 거창한 이름 같지만 그냥 이슬람교회이고 이슬람교회라고 해서 특별한 것도 아닌 동네교회나 깊은 산골 암자나 매 일반인 종교시설의 하나인 그런 곳입니다.

알라는 위대하도다. 지난 10년 사이 이슬람교회 숫자를 10배나 늘리고 3만에도 미치지 못하든 교인 숫자를 135,000명까지 확보하였으며 그 교인들의 종교 신앙심은 다른 종교인의 신앙심보다 1,000배나 강고합니다.

사정이 이러니 2020년까지 한국을 이슬람화하겠다는 한국이슬람교회의 위대한 선교활동이 드디어 한국 정부기관에 인정되어 한국이슬람교회 문서가 외국 정부문서 이상의 권위와 적법성을 가지기 시작하였습니다.

종교의 자유가 너무도 확실히 보장되는 대한민국에서 불교, 기독교, 천주교, 원불교, 대순진리회, 한얼교, 천리교, 용하고 용하다는 대한민국 큰무당 당집 모두 안 되는데 이슬람교회에서 작성하고 발행한 국제결혼증명서는 외국 정부 문서의 권위와 적법성을 가지고 결혼신고 기관인 호적관서에서 받아들여지고 있으며 여타 종교단체에서는 이슬람교의 권위와 위세에 눌린 듯 종교차별하지 말라는 한마디 말도 나오지 아니하고 있으니 말입니다.

파키스탄 대사관 도장이 있으니 공적 서류 맞지 않느냐구요. 파키스탄 대사관에서 공증한 도장은 맞습니다. 한국에서 파키스탄인이 자국에서 사용하기 위해 자국 대사관에 가서 문서를 공증해 달라고 당연히 할 수 있습니다.

이슬람국가에서는 이슬람교회에서의 결혼절차를 상추쌈에 상추처럼 여기니 이슬람교회가 발행한 결혼증명서를 요구할 수도 있겠지요.

그러나 대한민국에서는 대한민국 공증인 법이 적용되고 한국에서 사용될 공증 문서는 대한민국 공증인사무소에서 공증된 문서여야만 합니다.

그럼 파키스탄 대사관이 공증한 내용을 한 번 봅시다. 감추어진 것보다 드러나는 것은 없고 작은 것보다 뚜렷한 것은 없다는 성현의 말씀이 있습니다.

감추어지듯 작고 은밀한 곳에 가장 중요한 핵심 내용이 들어간다는 지극한 진리는 어디에서나 통하지요.

파키스탄 대사관인 바로 위, 모든 문장의 끝마무리 자리에 자리 잡은 깨알처럼 작은 영어 문장 한 줄,

'For the contents of this, I assume no responsibility'

파키스탄 영사님은 참으로 지혜롭고 현명하신 분인가 봅니다. 자국 국민이 원하는 바에 따라 파키스탄 공증인을 날인했지만 자국의 권위와 위신에 손상을 줄 행위는 회피하는 노련함을 보였습니다.

영어에 대한 경외심을 가진 분들을 위해 번역해 보겠습니다.

'위 내용은 다 뻥이니 나는 책임 없다'

파키스탄인이 제출하는
결혼구비 허위 문서 중 또 하나

'AFFIDAVIT' 선서문이란 뜻이죠.
 한국 혼인법에는 결혼 적령기를 넘은 사랑하는 한 쌍의 부부가 성립함에 공중인사무소에서 공중한 부모의 동의서가 필요로 합니까.

 파키스탄이 밀림의 원시부족은 아닙니다. 기원전 4500년에 성립한 인더스문명을 인도 영역 안쪽으로 생각하시는 분이 많이 있겠지만 실제 국경 영역으로 말하자면 지금 파키스탄 중심지이며 영역 안쪽이므로 인더스문명을 파키스탄문명이라 불러야 합당할 것입니다.
 그런 오랜 문명을 가지고 있으며 영국의 지배가 400년이나

PAKISTAN   40 RS.

PERMISSION LETTER (AFFIDAVIT)

From :   R/O
                              AMANAT PURA NARANG MANDI
TEHSIL FEROZWALA DISTRICT SHEIKHUPURA.

1. THE UNDERSIGNED DO HEREBY PERMIT YOU,
   (BI BI D/O   ).
TO MARRY ANYWHERE WITH ANY BODY, TO WHOM SHE LIKES.
I HAVE NO OBJECTION & SHALL HAVE NO OBJECTION AT ALL IN FUTURE.

Amatul-l Hafiz
MRS AMTUL HAFEEZ. WIDO OF ZULFIQAR ALI SHAH R/O H, NO 2. ST, NO.3 MOHALLAH AMANAT PURA NARANG MANDI TEHSIL FEROZWALA DISTRICT SHEIKHUPURA.

ATTESTED
Ch. Muhammad Ashraf
Oath Commissioner
Ferozewala

지속된 지역에 기본적인 행정단위도 존재하지 않아 주민의 미(재)혼을 확인하는 기본적인 행정 서류 하나 발급할 수 없는 곳으로 생각하시는지 모르겠습니다.

  그래서 그런지 파키스탄 행정단위(Union councils)에서 발급한 서류가 아닌 부모가 자식의 결혼을 반대하지 않는다는 선서를 하고 공증한 사문서를 대한민국 호적관서에서 혼인신고 구비서류로 접수하여 주고 있습니다.

  물론 파키스탄에서는 이슬람 전통에 따라 결혼신고서를 접수하는 행정단위에서 결혼신고서 외에 이슬람교회(MASJID)에서 결혼한 증명서도 요구하고 부모의 공증한 동의서도 요구할 수도 있습니다. 그러나 그것은 파키스탄에서 있을 수 있는 결혼신고 접수절차의 문제이지 대한민국 법령이 지배하는 대한민국에서는 있을 수 있는 일이 결코 아닙니다.

  대한민국에서는 대한민국 혼인법에 적합한 파키스탄 행정단위에서 발급하고 파키스탄 외교부에서 인증한 뒤 주 파키스탄 대한민국 대사관에서 인증한 공적 문서만이 유효한 혼인신고 문서라고 할 수 있습니다.

  호적관서 담당자님들, 국록을 꼬박꼬박 축내면서 도저히 용납할 수 없는 이런 허위 서류를 판별하지 못하여 사랑에, 외로

움에 목말라 하는 수많은 한국인들을 국제 사기 결혼의 표적으로 전락되게 만들고 가족관계부에 더러운 먹칠을 하게 한 책임을 어찌할 것입니까.

"작두를 대령하라―"

너무 심한 문책입니까? 그렇지 않으면 적어도 가족관계부를 눈꽃처럼 깨끗하게 원상회복시켜주고 국제 사기 결혼의 덫에 걸려 버둥거리며 잃어버린 기회비용과 금전 피해 및 암울했던 정신적 고통들에 대한 피해 정도는 보상해야만 합니다.
짧은 아랍 동화 한 편입니다.

사막을 가로질러 온 목마른 여우 한 마리가 우물을 발견하고 허겁지겁 물을 마시려 하다가 우물에 빠져 두레박에 매달려 있는데, 도저히 우물이 깊어 우물 밖으로 나가지 못하고 있었습니다.
그러던 중 밖에서 바보 아이 하나가 우물로 오자, 여우는 꾀를 내어 우물 안 두레박 속에서 목욕을 하며 시원하고 좋다고 꾀어냅니다.
그리하여 얼간이 바보 아이는 여우의 꾀에 넘어가서 반대쪽 두레박을 타고 우물로 내려가게 되고, 여우는 혼자 밖으로 나오게 됩니다.
그리고 우물 속을 내려다보며 바보 아이에게 "이 바보야 얼간이 바보야."라고 조롱한 뒤 제 갈 길을 가버립니다.

파키스탄인의 세상살이법이 달콤하게 녹아 있는 이야기입니다. 여우의 속삭임이 우리들의 귓전에 맴돌고 있는 게 들립니다.

신문 기사 하나

한국 대사관, '사촌 부부' 비자발급 거부

그는 얼마 전 사촌 여동생과 결혼했다. 그가 나고 자란 파키스탄에서 사촌과 결혼하는 건 '평범한 일'이다. 그러나 그는 한국인이다. 2005년 4월 귀화했다. 한국인 임란알리(37) 씨의 혼인은 8촌 이내 혈족의 결혼을 금지하는 대한민국 민법에 따라 무효가 되고, 부부는 생이별을 해야 할 처지에 놓였다.

사촌과 결혼

2003년 1월 파키스탄 카라치에 사는 임란 씨의 작은아버지가 세상을

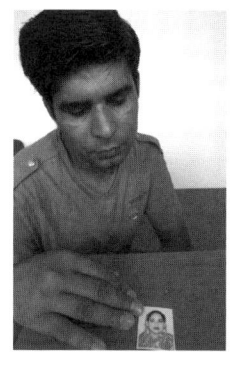
떠났다. 늙은 아내와 27살 된 딸 시디크, 어린 두 아들을 남겼다. 임란 씨의 아버지 버쉬르 아하마드(66)는 집안의 큰아들이 가족 전체를 돌보는 파키스탄 관습에 따라, 어른이라고는 여자밖에 없는 동생 가족을 건사해야 했다. 한국에 돈 벌러 간 아들이 동생 딸과 결혼하면 좋겠지만, 아들은 이미 한국 여성과 결혼해 잘 살고 있었다.

2000년 한국에 온 임란 씨는 두 아이를 둔 O씨(50)를 만나 2001년 결혼했다. O씨 가족의 반대에도 부부는 재밌게 살았고 임란 씨는 2005년 한국으로 귀화했다. 그러나 문제는 아이들의 학교생활이었다. 성이 다른 외국인 아버지를 둔 아이들이 놀림감이 됐다. 지난해 11월 임란 씨는 5년 동안의 결혼생활을 접고 아내와 협의이혼을 했다.

한 달 뒤 임란 씨는 몸이 아픈 어머니를 보러 파키스탄으로 돌아갔다. 그곳에 머문 두 달 반 동안 아버지는 임란 씨에게 사촌 여동생과 결혼하라고 계속 권했다. 지난 3월 16일 그는 결국 사촌 여동생을 아내로 맞아들였다.

"세상 뜬 숙부 딸과 결혼 '8촌 이내 금지' 한국법 몰라"

다문화사회 '문화 충돌' 법과 관습 조율 고민할 때 비자 발급 거절, 혼자 한국으로 돌아온 임란 씨는 혼인신고를 하고 호적등본 등을 발급받아 4월 말 파키스탄 주재 한국 대사관으로 보냈다. 탈이 난 것은 부인의 비자 발급 마지막 단계인 인터뷰에서였다. "결혼은 어떻게 하게 됐습니까?" 한국인 대사관 직원의 질문에 부인은 '자연스럽게' 전말을 설명했다. 한국 대사관은 부부가 사촌 사이라는 말에 비자 발급을 거부했다. 파키스탄과는 달리 한국에서 8촌 이내 혈족의 결혼이 법으로 금지돼 있다는 사실을 시디크는 물론, 임란 씨도 이번에 처음 알았다.

지난 27일 경기 김포이주민센터에서 만난 그는 "한국에선 커즌(사촌)하고 결혼 못하는 거 정말 몰랐어요!"라고 말했다. 부인은 지금 임신 4개월째다. 인천에서 중고자동차 매매회사를 운영하는 그는 파키스탄에 가면 3개월밖에 못 있는다. 그곳에선 외국인인 탓이다. 한국 국적을 포기할 수도 없다. 벌여놓은 사업이 있고, 파키스탄의 가족도 여기에 생계를 대고 있기 때문이다.

문화충돌 어떻게, 임란 씨는 지난 23일 국가인권위원회에 진정을 냈다. 그는 진정서에 "파키스탄의 근친결혼이 우리 관습과 다르지만, 그들이 오래전부터 살아온 방식"이라며 "파키스탄에서 합법적으로 이뤄진 혼인을 인정해 한국에서 함께 생활할 수 있게 해 달라."고 말했다. 이에 대해 법무부 출입국기획과 김재남 계장은 "임란 씨가 외국인이라면 인권문제를 따질 수 있겠지만, 이미 귀화했으니 우리 민법과 미풍양속, 사회적 통념 등에 따라야 한다."며 "호적등본에 혼인 사실이 올랐어도 민법상 무효가 된다. 비자 발급은 어려울 것 같다."고 말했다.

이 기사처럼 파키스탄에서는 사촌 결혼이 특별한 경우가 아니라 보편적인 일이며 사촌이 없을 경우 가까운 친척, 가까운 친척이 없으면 가까운 가문끼리 결혼하는 전통적 관습이 있습니다. 그리고 여자는 조혼이 일반적이라 대개 13세에서 20세

사이에 부모의 합의에 의해 결혼합니다.

 기사 내용을 꼼꼼히 살펴보면 본인이 31세 때, 사촌 여동생 시디크가 20세인 때인 2000년에 한국에 왔다고 합니다.
 늙은 숙모와 어린 두 아들, 그리고 파키스탄인의 눈으로 보면 완전 노처녀인 사촌 여동생을 남기고 작은아버지는 2003년 알라의 앞으로 갔다고 합니다.
 임란이 정말 파키스탄인이고 그래서 파키스탄의 오랜 결혼 풍습을 따랐다면 2000년 한국에 입국하기 전 사촌 여동생 시디크와 결혼하고 두 아이를 둔 뒤에 한국에 왔다고 생각함에 무리가 없겠지요.

 2001년 한국인과 결혼은 한국 이슬람교회에서 결혼을 하였고 그 증명서에 파키스탄 대사관 공증인을 날인한 뒤 호적관서에 제출하여 한국인의 배우자 자격을 얻는 방식으로 하였으며 2005년 4월 국적을 따고 두 달 뒤 이혼, 또 그 두 달 뒤 사촌과 결혼하였습니다.

 파키스탄에서 결혼을 한 상태이기 때문에 정상적인 파키스탄 미혼 증명을 확인할 수 있는 신빙성 있는 국가기관의 서류는 아예 생각할 수 없는 조건이라 도저히 한국에서 한국 여자와 결혼을 할 수가 없었지만 뭐, 한국에서는 아무 문제가 없었습니다.

 독립국가의 정부에 필적하는 막강한 무슬림 교회가 영어로 된, 한글이 아니라 영어로 된 결혼증명서를 만들어 주고 파키스탄 대사관에서 그럴듯한 장식용 인장 하나 딱 인테리어해 주면 호적관서에서는 아주 깜박하니까요.

 기사의 행간을 살펴보기만 해도 허위·위조 서류로 결혼하고 한국 국적을 딴 뒤 본처를 한국에 불러들이기 위해 또 허위·위조 서류를 사용했음이 확연이 눈에 보이는데도 어디 한 군데 걸러지는 곳이 없었습니다.

 위조·허위 서류로 대한민국 국적을 따도록 친절하게 협조한 분들에게는 안일한 일처리로 나라를 팔아먹는 매국노 같은 일을 저질렀음을 알려 드리고 싶습니다.
 아, 그렇지만 임란 씨와 임란에게 호적을 잠시 빌려준 한국인 O씨를 미워하고 싶지는 않습니다.

 임란이 한국에서 결혼하여 국적을 딴 뒤 이혼하고 또 결혼하는 일련의 과정이 자로 잰 듯 착착 진행되게 협력을 다한 한국 아줌마의 절박한 현실이 눈에 선하기 때문입니다.
 남편 없이 두 아이를 양육하며 열심히 살아가려 애쓰는 한국 아줌마의 강렬한 생활력과 대한민국 국적 따기란 약점을 이용하여 좀 더 쥐어 짤 수도 있었을 텐데도 때가 되자 깔끔하게 이혼해 주고 빈틈없이 협조하여 한 번 약속을 끝까지 잘 지켜 어김없이 매끈하게 뒷마무리를 해 준 한국 아줌마의 처신을 어찌 비난할 수 있겠습니까.

한국인과 결혼하여 국적을 딴 뒤 이혼하는 등의 과정에 한국에서 피땀 흘려 번 돈을 모두 바쳐가며 고생하였을 임란 씨, 본처인 사촌 여동생과 두 아이들에 대한 절실한 애정이 위조·허위 서류로 이루어진 결혼이요 대한민국 국적 따기였으니까요.

그러나 본인은 임란 이자를 고발합니다. 허위·위조 서류로 대한민국에서 결혼을 하고 국적까지 딴 자이니 대한민국 국법질서를 어지럽힌 자로 고발합니다.
이자 외 이자와 같은 방식으로 결혼한 모든 파키스탄인들과 결혼하여 대한민국 국적을 딴 모든 파키스탄인들을 공개 고발합니다.

[배우자의국적] 파키스탄
[혼인증서작성자] 파키스탄 외무성 부국장
[증서등본제출일] 2007년 04월 11일
[증서등본제출자]   자바이드
[직권기록서작성일] 2008년 02월 04일
[직권기록일] 2008년 02월 04일
[직권기록내용] 2007년 4월 11일자 혼인ㅅ
            이잭"을 "   자바이드"로

[배우자]
[배우자의국적] 파키스탄
[배우자의출생연월일] 1975년 04월 27
[혼인증서작성자] 파키스탄 라호르시장
[증서등본제출일] 2010년 01월 07일
[증서등본제출자]
[처리관서] 경기도 양주시

[배우자의국적] 파키스탄
[혼인증서작성자] 태국 방콕시 방카피디스트릭트장
[증서등본제출일] 2000년 10월 11일

[배우자의출생연월일] 1976년 10월 02일
[배우자의국적] 파키스탄
[혼인증서작성자] 파키스탄 페이슬라바드 쉐이프 압둘 외히드 변호ㅅ
[증서등본제출일] 2005년 05월 19일

[혼인증서작성자] 파키스탄 카라치 결혼등기소
[증서등본제출일] 2008년 04월 16일
[증서등본제출자]
[처리관서] 부산광역시 사하구

호적은 마음대로 멋대로

　단군님이 나라를 열어 세상을 다스릴 때도 풍백, 우사, 운사에게 업무를 크게 나누어 분장시키고 곡, 명, 병, 형, 선, 악 등 360가지 일로 업무를 작게 나누어 그 나눈 직분대로 소관 업무를 하도록 하시었습니다. 그래서 지금도 구청에 가면 각자 맡은 바 소임이 달라 그 소임에 따라 일을 하고 있습니다.
　세상이 바뀌고 바뀌어 신세상이 되었다고 하지만 어린 백성님이 지적과에 가서 "주민등록등본 발급해 주세요." 하면 엄청 친절해진 요사이 관리분들일지라도 지적도면 싹 치우고 주민등록등본 발급해 주는 세상은 되지는 않았지요.

　사회복지과에 가서 여권 만들어 내라고 하면 여권 만들어 주지도 않지요. 도시계획과에 가서 지방세 많이 나왔다고 난리 쳐도 세금 깎아주지 않지요.

　아주 작은 지역의 작은 행정단위에서도 요렇게 직분을 나누고 그 직분대로 일을 해야 되지 이것저것 전권을 휘두르는 만능의 관리는 세상천지에 없습니다.
　그런데 호적관서에 계시는 담당자님들은 외국 공무원들은 전지전능하고 공무에 관해서는 할 수 없는 일이 없는 신적인 존재로 인식하는가 봅니다.

　아! 사설이 좀 길었지요. 뭔 소리냐 하면 파키스탄 혼인증서 작성자를 한번 보십시오. 위에서부터 보면 파키스탄 외무성 부국장, 라호르시장, 태국 방카피디 스트릭트장, 페이슬라바드 쉐이프 압둘 와히드 변호사, 카라치 결혼 등 기소, 그리고 혼인증서 작성자가 없는 게 상당수 등등, 호적관서에 결혼신고 서류로 제출한 외국에서 만든 국제결혼 서류 내용 중 혼인증서 작성자 부분이 이러합니다.

[배우자의국적] 파키스탄
[혼인증서작성자] 파키스탄 외무성 부국장
[증서등본제출일] 2007년 04월 11일
[증서등본제출자] 자바이드
[직권기록서작성일] 2008년 02월 04일
[직권기록일] 2008년 02월 04일
[직권기록내용] 2007년 4월 11일자 혼인사
　　　　　　　　이잭"을 "　　자바이드"로

　파키스탄은 국제결혼한 사람을 위하여 외무성 부국장도 결혼 등기해 주는 나라인 줄 어떻게 알게 되었는지 참 궁금합니다.
　파키스탄 혼인등기법에 해박한 분이 호적관서에 딱 버티고 앉아 해 주신 것이니 조금의 착오도 없는 휼륭한 결혼신고 접수였겠지요. 이 결혼신고 접수로 한국 여자는 유령 파키스탄 인과 결혼한 게 되고 마침내 파키스탄인은 대한민국 국적까지 따게 되었습니다.

　국적 딴 후 "이 사람이 왜 이래"할 만큼 갑자기 표변하여 날카로운 이빨을 드러내며 으르렁거려 이혼하지 않고는 견딜 수 없을 만큼 나락으로 떨어지는 절망과 고통을 한국 여자에게 가하여 행복한 결혼생활을 끝장내버린 게 탈이였지 파키스탄인의 입장에서 보자면 신나는 행복한 새 세상이 열린 것이었지요.
　세상일이 모든 사람에게 행복할 수만은 없고 그나마 반이라도 행복할 수 있다면 그래도 살 만한 세상이라고 여기며 잊어 버리자 하고 싶어요.

그래도 그렇지 한국 사람은 이름 한 번 바꾸려면 없는 돈에 변호사 고용하여 가정법원에 개명신청한 후 우여곡절 끝에 겨우 이름 바꿀 수가 있는데 한국 국적 딴 파키스탄인이 재혼하여 혼인신고한 파키스탄 여자의 이름도, 생년월일도 처음과 전혀 틀린데도 외국인의 본국 개명증명서 한 장 없이 한국 법원의 개명절차는 무시해 버리고 가짜인지 진짜인지 알 수 없는 여권만 보고 직권정정으로 바꾸어 주는 센스까지 발휘합니다.

외국인에게는 호적관서의 서비스가 이렇게 무소불위하게 큰 줄 알게 된다면 이혼당한 한국인은 어안이 벙벙하여 인종차별 당하는 비애를 느끼지 않을 수가 없을 겁니다.
국적 따고 한국 여자 제거한 뒤 힘들게 파키스탄 여자를 한국에 불러들였는데 무엇 때문에 다시 파키스탄 마누라 이름하고 생년월일을 바꾸는 공을 들이는지 짐작이 갑니다.

파키스탄 여자를 결혼 초청으로 한국에 불러들일 때 파키스탄 여자의 이름도 생년월일도 가짜라는 것입니다.
"왜 가짜로 하느냐."
한국에 불러들인 파키스탄 여자는 한국 여자와 결혼하기 전 파키스탄에서 정식 결혼한 본처였기 때문입니다.
본처는 파키스탄의 전통에 따라 사촌 여동생이었지요. 어차피 한국 여자와는 가짜 서류로 결혼해서 수월하게 한국 국적을 땄지만 알라에게 맹세하며 결혼한 파키스탄 본처를 한국 호적에 올려 불러들이려 하니 파키스탄 결혼등기소에는 본처이자 사촌 여동생의 본명으로 결혼등기되어 있으므로 파키스탄 기초행정단위에서 정상적인 미혼이란 증명서를 뗄 수도 없고 결혼등록도 할 수 없는 상황이잖아요.

또 본명으로 한국에 혼인신고하면 파키스탄 주재 한국 대사관에서 비자받을 때 사촌이란 게 들통나서 십 년 공든 탑 한순간에 와르륵 할 게 뻔하기도 하고요.

그래서 외무성 부국장이 혼인증서 작성자가 된 가짜 서류 적당히 만들고 가짜 이름으로 된 여권도 만들어 한국에 들어와 호적에 올리게 된 게지요.

파키스탄 본처가 한국에 와서 자리도 잡고 여유가 있어진 뒤 가만히 보니 파키스탄에서 많은 이웃 친척들과 알라 앞에 맹세하고 Nikhanama에 증인 두 명과 함께 서명한 후 파키스탄 결혼등기소에 올린 이름하고 한국 호적에 올린 이름이 틀리니 기분이 억수로 좋지 않았을 겁니다.

이슬람 법대로 하면 마누라 얼굴이 멍들지 않고 뼈가 부러지지 않게 죽지 않을 만큼 남편이 마누라를 살짝 때릴 수도 있고 이혼하겠다고 세 번 입 밖에 내어 이야기하면 이혼되게 되어 있으니 마누라들이 남편에게 꼼짝 못하는 게 정상적이겠지요.

파키스탄 전통에 따라 사촌 여동생이랑 결혼하는 경우 삼촌하고 아버지가 부부의 뒤에 버티고 있는데 어떻게 사촌 여동생인 마누라를 함부로 대할 수 있고 이혼을 꿈꿀 수 있겠어요.

그런 마누라가 본명 돌리도 하고 바가지 긁어대기 시작합니다.

본인은 본처인 줄 알았겠지만 실제는 세컨드 노릇한 한국 여자한테는 막말하고 함부로 할 수 있었으나 본처 잔소리에는 꼼짝 못하고 비용 들이며 위험부담 안고 본처의 본래 이름하고 생년월일대로 여권 만든 후 한국 호적관서 찾아가서 영어 무서워하는 담당자님한테 영어로 막 지껄였겠지요.

그러니까 깜짝 놀란 담당자님은 전후사정은 생각할 짬도 없이 휘앙한 정신으로 처음 등록한 이름하고 생년월일이 전혀 다른데도 아주 쉽고 간단하게 직권기재사항 변경으로 딱 바꾸어 주었겠지요.

역시 담당자님은 개명 판결하는 판관님보다 파워맨임이 확실합니다.

```
[배 우 자]
[배우자의국적]   파키스탄
[배우자의출생연월일]   1975년 04월 2일
[혼인증서작성자]   파키스탄 라호르시장
[증서등본제출일]   2010년 01월 07일
[증서등본제출자]
[처리관서]   경기도 양주시
```

파키스탄에는 카라치, 라호르, 이슬라마바드의 3대 도시가 있지요. 몽골 징기스칸의 후예가 세운 무굴제국의 수도였던 라호르는 인구 800만 명의 아름다운 도시라고 합니다.

그곳 시장은 참으로 한가하고 여유가 있어 구청 직원이 하는 결혼등록 업무도 직접 처리하시는 것 같습니다. 아니면 인륜지대사인 결혼은 너무나 막중한 일이라 파키스탄은 시장급 관리가 직접 처리하도록 되어 있는 거로 착각하신 건지!

결혼 등록하는 도시의 기초 행정단위의 장은 파키스탄에서 Nazim이라고 합니다만 가짜 혼인증서를 제출한 파키스탄인은 한국 관리는 높은 사람 직명이 있으면 얼어버리는 습성이 있다는 걸 간파라도 했던 모양입니다.

한국에서 만든 한국 이슬람교회 결혼증명서도 가짜이지만 서울시장 영문 서명이 있으니까 서울시의 구청에 소속하는 분들이 쳐다보기도 거룩한 분의 서명이 있다고 놀라서 받들어 모시는 것을 경험상 잘 알고 있어 가짜 파키스탄 결혼등록 서류를 만들 때도 가능한 높은 계급을 사용하는 지혜를 발휘했거나.

```
[배우자의 본...
[배우자의국적] 파키스탄
[혼인증서작성자] 태국 방콕시 방카피디스트릭트장
[증서등본제출일] 2000년 10월 11일
[증서등본제출기...
```

어떤 형식으로 만들든 영문으로 된 가짜 서류는 한국 관공서 창구에서 통하지 않는 법이 없다는 절대 진리가 확립되는 위대한 작품이 이것인가 합니다.

파키스탄 남자와 한국인 여자가 태국의 수도 방콕에 있는 51개 기초 행정단위 중 하나인 방카피 지역의 관공서에 결혼등록을 하였다고 합니다.

혹 섭외사법을 이야기하며 그럴 수도 있지 하는 사람이 있습니까! 그래요, 섭외사법도 외국인이 속하는 본국 법에 속하여야 하지 생판 타국에 가서 결혼하고 섭외사법에 따라 결혼했다고 해서는 안 됩니다.

된다고 하시는 분은 부유한 한국인이 아름다운 금발 아가씨 3명 데리고 이슬람 전통을 가진 아프리카 수단에 가서 결혼한 뒤, "나 섭외사법에 따라 합법적으로 결혼했어! 한국 호적에 올려죠." 해도 한국 호적에 올려줄 분들이 틀림없습니다.

대명천지 밝은 세상에 파키스탄 남자랑 한국 여자가 방콕에 가서 혼인등록하고 결혼증서 준비해 왔다고 해도 받아주고 당당하게 한글로 '태국 방콕 방카피디스트릭트장' 하고 호적에 기입해 줄 수 있는 능력은 어디에서 가져온 것인지 입이 뜨악 벌어질 만큼 놀라울 뿐입니다.

높은 경쟁률의 관리 시험을 통과한 한국의 엘리트마저 이렇듯 까무룩합니다. 파키스탄 남자의 사기 결혼 덫에 걸린 한국 여자는 한국도 아니고 방콕까지 모시고 가서 좋은 호텔에 우아하게 모시고 방콕의 알 수 없는 반듯한 사무실로 데려가 혼인증서 만드니 국제결혼은 이렇게 하는가 보다 하고 여길 수밖에 없었겠지요.

그래서 사기 결혼인 걸 알아채지 못하고 마냥 즐겁고 행복하게 방콕에서 만든 가짜 서류를 들고 호적관서에 가 당당하게, "나 외국 가서 혼인신고했다." 했습니다. 그리고 파키스탄 남편과 아이 둘 낳고 행복하게 살았습니다.

요렇게 해피엔딩으로 끝나면 얼마나 다행이겠습니까. 둘째 아이 임신해 있을 때 파키스탄 시어멈 한국에 와서 병원에 입

원하자 무거운 몸을 간신히 추스르가며 극진히 간병하여 돌보느라 정성을 다합니다.

그때 사촌 여동생을 불러들입니다. 파키스탄 사촌 여동생은 전통의 본처입니다. 본처가 유학 비자 가지고 대한민국에 들어온 겁니다.

사악한 시어멈, 한국 세컨드 떨구어 낼 계책을 가지고 들어온 건데, 그것도 모르는 한국 세컨드는 그토록 극진하게 간병하여 시어멈을 대접하였으니 방콕에서 가짜 결혼증서 함께 만들면서도 사기 결혼인 줄 알아채지 못한 원통함이 뼈에 사무치겠지요.

이혼하여 파키스탄인 아비가 버린 혼혈아이 둘을 자식이라고 애지중지 키우고 있는 지금까지도 자기가 파키스탄인의 한국 국적을 따기 위한 국제결혼 사기 대상이었고 호적신고에 사용된 서류가 몽땅 가짜 서류로 호적 관서에서 혼인신고 받아주지 않아야 할 것을 받아주어 자신의 인생을 아주 망쳐버린 것을 아직까지도 까무룩 모르고 있을 것입니다.

둘째가 세 살 되던 해까지 파키스탄인 남편이 서울 하늘 아래에서 본처와 두 집 살림을 차리고 있는 것을 눈치 채지도 못한 한국 여자에게 최후가 왔습니다.

파키스탄인 남편이 고대하던 한국 국적이 나왔습니다. 국적 따고 겨우 두 달 만에 이혼, 대한민국 국적을 딸 때까지 극진하던 태도가 국적 따자마자 표변하여 혹독하고 잔인한 린치가 모질게도 가해지기 시작했겠지요. 마침내 한국 여자와 이혼하였습니다.

교육수준이 낮고 문맹률이 높은 파키스탄에서는 영어를 말하고 읽을 정도의 능력이 되면 그래도 똑똑한 먹물 먹은 계층으로 대접을 받을 수가 있습니다.

영어를 말하고 읽을 수 있어 가문에서 제법 난다 하는 젊은이로 가문의 영광을 새롭게 할 무거운 책임을 한 몸에 짊어졌습니다. 본처의 너그러운 양해와, 아버지와 장인이자 친삼촌의 두터운 격려를 받으며 가문의 전력을 다한 지원 하에 조국을 떠나왔습니다.

조국을 떠나온 지 어언 10년, 낯설고 물 설은 땅에서 제대로 발을 뻗고 돈을 벌 수 있는 기반을 잡았고 목메어 기다리던 파키스탄 본처와 재결합할 꿈도 이루어졌습니다.

물론 파키스탄 본국에 결혼 등록된 상태니 세컨드 떨구어 내었다고 서류를 정상적으로 준비할 수는 없었겠지만 전혀 문제되는 바 없습니다. 파키스탄 진짜 결혼 서류를 한 번도 구경한 적 없는 담당자님들이 영문 종이쪽지만 가져가면 눈꼬리 치뜨는 일 없이 친절하게 받들어 모시며 호적에 올려줍니다.

이렇게 파슈툰족 한국인이 탄생하고 파슈툰족 일가를 이루었습니다.

 조금 있으면 8촌 이내 파키스탄 친척들을 초청하기 위해 초청장을 보내고 파슈툰족도 소수 한국인의 동족이니 동포 비자 달라고 할 것입니다. 거부되면 인권위원회에 소수자 보호를 외치고 "우리는 이류 국민이냐." 하고 삿대질하거나 인종차별 하지 말아 달라고 주장을 시작할 디딤돌이 마련되었습니다.
 옛 부여의 영역인 몽골의 동쪽 끝 변방 부르칸 칼둔산 아래서 징기스칸은 출생하였습니다.
 징기스칸의 후예가 세운 무굴제국의 영역이였던 파키스탄의 파슈툰족에게도 부여의 피가 아주 조금 섞였으므로 단군의 한핏줄이라고 주장하며 무제한 동포 비자 달라고 할지도 모릅니다.

 웃기는 소리 하시겠지만 지금의 135,000명의 종교적 결속력이 높은 이슬람 신자가 300,000명쯤 되었을 때 100,000명쯤 인원을 동원하는 과격한 집단 시위를 대한민국 수도의 번화가를 휩쓸며 날이면 날마다 벌이면 대의명분이 뚜렷한 그들의 주장이 받아들여지지 않는다고 누가 장담할 수 있을까요.

```
[배우자의출생연월일]   1976년 10월 02일
[배우자의국적]   파키스탄
[혼인증서작성자]   파키스탄 페이슬라바드 쉐이프 압둘 외히드 변호
                  사
[증서등본제출일]   2005년 05월 19일
```

　파키스탄이나 대한민국이나 변호사 하는 일은 거의 매일반이라고 보면 착오없을 거로 생각하고 이제까지 살아왔더랬지요. 그런데 파키스탄 변호사는 한국 변호사가 하는 업무영역에서 결혼등록하고 혼인증서 작성해 주는 기능이 덧붙여 있는 것인 줄 미처 몰랐습니다.

　파키스탄 변호사는 혼인등기하고 증서도 작성할 수 있는 자격을 가진다는 법이 파키스탄 국회를 통과하였는지 몰랐습니다.
　아무렴 어때요. 호적관서 담당자님은 무엇이든 인정하고 받아주는 관대하고 너그러운 분들이니 파키스탄 변호사 서류인들 인정하지 못할 바가 어디 있겠습니까.
　곧 오사마 빈 라덴도 위조여권 가지고 한국에 들어와 적당한 한국 여자 하나 물색하여 가짜 결혼 서류 만들어 한국 호적에 이름자 올리고 몇 년 세월 흘러간 뒤 한국 국적 따서 한국에서 편안히 살아갈 계획을 세우고 있을 것입니다.
　파키스탄 위조 서류가 가장 잘 통하는 나라로 알음알음 파키스탄 전 국민이 다 알고 있을 테니까요.

담당자님의 수준과 능력이 조금만 더 발전하고 향상되면 아마존 오지의 원주민이 짐승 가죽에 손도장 찍어와도 공적 문서로 인정하고 혼인신고 받아주는 경지에 이를 것이 그믐밤에 횃불 보이듯 보입니다.

허위·위조 서류의 그늘 속에 죽은 듯 쓰러져 있는 국제 사기 결혼 피해 한국인들의 가련하고 불쌍한 신음이 밤마다 악몽으로 화하여 마땅히 하여야 할 일을 태만히 한 자들의 베갯머리 맡에 웅크려 있으면서 서늘한 손길을 고요히 잠든 머릿결 속 깊숙이 집어넣을 것입니다.

이런 재판이 벌어지면

　파키스탄은 사촌 결혼이 일반적이라는 것은 담당자님만 잘 모르시겠지만 세계인이 모두 잘 아는 일반상식입니다.
　한국인 여자와 가짜 서류로 결혼했지만 본국인 파키스탄에서는 진짜 서류로 파키스탄 전통에 따른 사촌 여동생과 결혼한 파키스탄 남편이 로또에 당첨된 뒤 너무 기쁘고 놀라서 심장마비로 죽거나 재벌 차량에 교통사고를 당하여 죽었을 경우 그 당첨금이나 보상비는 누가 가질까요.

　한국인 배우자가 당첨금이나 보상금을 받아가려고 하는데 파키스탄에 있던 본처가 와서 한국인 여자의 결혼은 가짜 서류로 한 무효인 결혼이라고 하며 진짜 파키스탄에서 결혼한

Nikanama 하고 결혼등기소에 등록한 증명서를 한국 대사관에서 인증받아 제출하면 한국 여자의 결혼은 한국 민법에 따라 중혼금지를 어겼고 위조 서류로 결혼신고를 하였으니 당연히 무효가 되고 당첨금이나 보상금은 파키스탄 여자가 가지게 될지, 아니면 파키스탄 여자가 사촌 여동생이란 것을 한국 여자가 증명해서 한국의 8촌 이내 친족과 결혼은 인정할 수 없다는 한국 민법에 따라 파키스탄 사촌 여동생인 여자하고 결혼은 한국에서 인정할 수도 없고 가짜 서류로 올리긴 했지만 한국에서 정식으로 호적에 올린 한국 여자가 진짜 부인 자격 있다고 주장하면서 당첨금이나 보상금이 자기 것이라고 하면 우리나라 법원은 누구의 손을 들어줄까요.

한국 여자와 결혼하는 파키스탄인이 늘어나니 앞으로 이런 재판도 벌어질 건데 만일 파키스탄 여자가 재판에 이길 경우 한국 여자는 가짜 서류를 판별하지 못하고 호적에 올려준 담당자님에게 당첨금이나 보상금을 받지 못한데 대한 손해배상청구를 할 수 있지 않을까 모르겠습니다.

In the name of God
KWANGJU MASJID
48-9,Yok-dong,Kwangju-city,Kyonggi-do,Korea. Tel:031-765-0270. e-mail: at dulichjeon@ln masjid.i

CERTIFICATE OF MARRIAGE

This is to certify that
Bridegroom :
    Date of birth :
    Nationality : Pakistan
    Address :   Dist.&Thell Abbott Abad Hari Pur
                 Pakistan
    Father's name :

And Bride :

    Date of birth :
    Nationality : Korea
    Address :   Ansan-si,Kyonggi-do
    (현 주 소) : 경기도안산시원곡동
    Father's name :

    Witness :
    Witness :

is on Sep.21,2001 at the Kwangju Masjid in Yok-dong, Kwangju-si, Kyonggi-do, Korea under the Islamic wedding ceremony, wedding was performed by the Imam of Masjid as way Amir.

Date of issue : Sep.21,2001

                            Kwangju Masjid

                            H.Abdullah D.R.Jeon
                            Imam

파키스탄인이 제출하는
결혼구비 허위 문서 중 다른 하나

앞에 예를 든 두 가지 종류가 가장 많이 보이는 사례이고 지금 제시한 것은 그렇게 많은 사례가 발견되지는 않습니다.

그리고 지금 예시한 결혼증명서는 약간의 가벼운 관심을 가지고 일별하기만 하더라도 그 터무니없음에 경악하게 될 만큼 단순한 허위 서류이므로 한국인이 파키스탄인과 한국에서 결혼할 때 제출하는 서류로서 부적절함에 대해 더 이상 설명하지는 않겠습니다.

한국인과 파키스탄인의 한국에서의 결혼에 발견되는 대부분의 것은 지금까지 예시한 세 가지 견본들의 형태를 넘지는 않는 것 같습니다.

멀리 떨어져 있는 연인을 쉬이 만나지 못하는 사랑의 아픔을 호소하며 눈물짓는 젊은이를 보고 공자님은 사랑이 진정 절실하면 만리 길도 한 걸음에 갈 수 있다고 하시며 젊은이의 사랑은 거짓 사랑이라고 한 말씀이 있습니다.

사랑에 눈 먼 이가 사랑하는 이와 함께하기 위하여 간이하고 편하게 빨리 결혼할 수 있다면 무슨 일이든 못하겠습니까.

다만 허위·위조 서류로 결혼을 시도하려는 자의 사랑의 진실성을 어찌 믿을 수 있겠습니까.

불칙한 목적 달성을 위한 징검다리로 삼은 뒤 종내는 눈먼 사랑을 벼랑 끝으로 몰아가 살짝 밀쳐버리고 흉측한 웃음을 지을 모질고도 흉악한 그자를 똑바로 보십시오.

국제결혼을 희망하여 진행하시는 분들은 명심해야 합니다. 결혼하려는 외국인 반려자의 사랑의 진정성은 국제결혼 절차의 성실한 이행과 함께한다는 것을. 국제결혼 절차의 비정상적인 변칙 진행에는 허위·위조 서류가 이용된다는 것을.

결혼신고 접수 담당자 여러분, 허위와 위조로 된 서류를 들이미는 그자들을 똑바로 보십시오. 조금의 흔들림 없이 행복한 미소를 지으며 진지한 눈빛과 어리석은 듯 어눌하고 상냥한 말투로 갸르릉거리지만 내심으로는 국록을 축내며 앉아 있는 무지하고 멍청한 얼간이라며 조롱해대고 있을 것입니다.

허지만, 허위·위조 서류로 피해를 당한 이들의 피 맺힌 아픔과 뼈 시린 고통을 생각하면 그런 비웃음과 조롱은 깃털처럼 가볍고 티끌처럼 자잔할 뿐입니다.

아무리 작은 행정단위의 구청장이 있는 곳이라도 그곳에 일하는 사람들은 맡은 바 소임이 제각기 달라, 아무리 다급하더라도 여권과 직원이 지방세 고지서를 발부하지 아니하고 보건담당자가 지적과 업무를 처리하지 못하는 것은 지극히 당연한 일로 알고 있습니다.

외국 정부의 서류라 할지라도 독립한 국가로 체계가 잡혀 있는 나라에서 발급한 공적 문서인데 어떻게 해서 정해진 담당부서가 없는 것처럼 생각하는지 도무지 알 수가 없습니다.

더구나 개인이 만든 망측한 도장 몇 개 찍은 문서인 것조차 구별 못하였으니 얼빠지고 넋 나간 것처럼 여겨집니다. 단숨에 사람을 쫄게 하는 무시무시한 영문으로 꾸며진 문서의 마력 때문입니까.

한국인은 호적에 대한 신앙에 가까운 신뢰와 믿음을 가지고 있습니다. 오죽하면 말 안 듣는 자식에게는 호적에 파버리겠다고 하고 극단적인 부부 싸움질 말미에는 호적이 들먹여지며 농담 삼아 하는 호적에 빨간 줄 올라간다는 말 속에도 호적이 함부로 건드려지는데 대한 엄청난 두려움과 호적 기록에 대한

깊은 신뢰심이 내포되어 있습니다.
 호적관서에의 국제결혼 혼인신고 접수와 가족관계부 등록으로 국제결혼 절차의 첫걸음이 시작됩니다. 결혼 절차의 종결이 아닌 첫걸음임을 명심해야 합니다.

 다음이 비자연장 창구입니다. 외국인에 대해 강력한 사법권한과 사실조사 능력 및 강제 퇴거권을 가지고 있는 이곳에서는 대한민국 호적에 이름자를 올린 외국인의 본국 법에 따라 결혼 등록한 서류를 제출받아 확인할 책임이 있습니다.
 그런데 이 책임을 망각하여 저버리고, 완전 저버리고, 참으로 개탄스럽게 저버리고 아예 본국 법에 따른 서류가 무엇인지도 모르고 호적을 함부로 파버릴 수 없다는 강철같이 강고한 믿음만이 골수에 새겨져서…….

 한국에 살면서 한국에서 결혼하는 외국인은 일차, 한국 호적관서에 제출하는 서류. 이차, 외국인 본국 법에 따라 본국 결혼등록관서에서 혼인신고한 후 혼인등록된 서류를 이곳에 제출하는 절차를 이행해야 합니다.
 그런데 이곳에서는 외국인이 호적관서에 제출한 서류만으로 본국 법에 따른 결혼 절차까지 이행된 것으로 오인하고 한국에서 계속 생활할 수 있도록 비자를 바꾸어 주고 있습니다.

흑백이 분명하듯 한국 호적관서 발행의 가족관계부, 외국인 본국의 혼인등록기관 발행의 결혼등록증명서. 이 두 가지를 구분하여 함께 제출받아야 하는 곳에서 이 구분을 제대로 하지 않고 있습니다.

위조·허위 서류를 조사, 적발하여 처벌하는 수사기관은 유명무실한 지 국제 사기 결혼에는 그 존재감의 그림자도 엿볼 수 없습니다.

EMBASSY OF THE FEDERAL REPUBLIC OF NIGERIA
310-19 DONGBINGGO-DONG,
YONGSAN-KU, 140-817 SEOUL,
KOREA

C.P.O.BOX 3754

Telephone : (82-2) 797-2370/3280

Fax : (82-2) 796-1848

Telegrams : NIGERIAN SEOUL

URL:www.nigerianembassy.or.kr
email: Chancery@nigerianembassy.or.kr

Ref. No : ENS/CON II,Vol. 5

Date : OCTOBER 09 2006

TO WHOM IT MAY CONCERN,
AUTHENTICATION OF MARRIAGE CERTIFICATE
BETWEEN MR. EJIKEME AUSTINE OBINNA
AND MISS PARK BU JEON

This is to certify that Mr.   , a bona-fide Nigerian citizen has duly registered marriage with Miss   Citizen of Korean on October, 9 2006. Henceforth, it is declared that they become husband and wife. It would be highly appreciated if he is granted requisite assistance.

2.   While anticipating your kind cooperation, please accept the assurance of our highest consideration.

for: Ambassador

 충성스러운 나이지리아인 OOO은 한국인 OOO과 2006. 10. 09 정식으로 결혼 등록하였음을 증명합니다. 또한 그들이 남편과 아내가 되었음을 선언합니다. 적절한 도움이 있으면 감사하겠습니다.

친절한 협조를 부탁하며 깊이 배려하여 보증을 받아들여 주십시오!
나이지리아 대사의 멋있는 서명, 도장

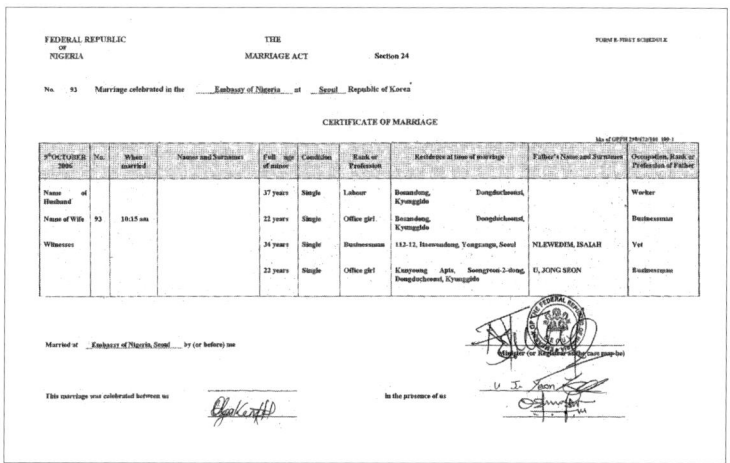

이 문서는 나이지리아 혼인법에 의한 법정양식입니다. 혼인등록하는 곳에 보관하며 부본은 라고스에 소재하는 혼인등록소에 송부하고 배우자 각각에게도 한 부씩 발부해 줍니다.

나이지리아 위법 문서에 의한 한국인 결혼신고

　선비와 흉노, 돌궐, 몽고 민족의 젖줄이었던 오로도스 초원지역을 침울한 바람소리만 맴도는 황량한 사막으로 만들고 초목이 우거지고 맑은 물이 흐르는 아름다운 음산을 풀 한 포기 자라지 않는 메마른 돌덩어리로 만든 잔인한 3월의 바람을 우리는 황사라고 하지만 중국에서는 흑풍이라고 하지요.

　미군의 발걸음이 조금씩 뜸해진 빈자리를 메우고 있는 용산의 삼각지 뒷골목 해방촌 어림에 흑풍이 불고 있습니다. 세계 제일의 국제무역 사기와 무역 서류 위조로 명성을 높이고 있는 나이지리아인들이 소액 투자로 대한민국 땅에서 부비고 살아갈 언덕을 만들고 국제결혼으로 자리를 잡아 가며 우람한 덩치로 좁은 골목을 거칠게 터벅거려 검은 바람을 일으키고 있는 곳이 바로 이곳입니다.

나이지리아 혼인법에 따르면 나이지리아 외의 지역에 있는 나이지리아 공관은 공식 결혼식을 거행할 수 있는 지정된 장소이며 나이지리아 대사에게는 결혼식 주재권한이 부여되어 있습니다.

따라서 나이지리아 대사관에서 나이지리아인과 한국인이 결혼을 한 것은 나이지리아 법에 따라 합법적인 결혼이 성립한 것이며 나이지리아 법에 의해 정식 결혼신고된 것입니다.

그러나 한국의 호적관서에서는 나이지리아 대사관 대사님이 서명한 결혼식을 거행하였다는 증명서와 결혼신고 서류를 근거로 한 결혼등록 신청을 단호히 거부하여야 합니다.

치외법권 지역에서 나이지리아 법에 의해 나이지리아인과 한국인이 적법한 결혼을 한 것인데 나이지리아 대사관에서 발행한 문서를 위법문서라고 하니 정신 나간 것으로 여겨지나요.

아예 치외법권 지역인 나이지리아 대사관 영내에 살면 말 안 하겠습니다만 일 마치고 나이지리아 대사관 대문 밖에 나와서 그런 말씀하시니 하는 말입니다.

한 하늘에 두 개의 태양이 있을 수 없고 대한민국 영역에서 대한민국의 주권과 양립하는 또 다른 주권이 존재할 수 없습니다.

대한민국 영역에서 한국인과 결혼하는 외국인의 결혼신고는 대한민국 민법이 우선 적용되는 것이지 외국의 혼인법이 우선 적용될 수는 절대 없습니다.

즉 나이지리아 대사관은 나이지리아 혼인법에 따라 결혼식을 올리고 혼인신고는 해 줄 수 있겠지만 대한민국 영역에 사용할 유효한 공적 문서를 발행할 권한은 없으므로 권한 없이 대한민국 영역에 사용하도록 발행한 문서는 사용불능의 문서입니다.

그래도 이해가 잘 가지 않는다면 나이지리아 대사관은 결혼증명서 뿐만 아니라 출생증명서, 학력증명서 등도 발행하고 있습니다.

나이지리아 대사관에서 나이지리아 법령이 허용한다고 나이지리아인과 한국인의 이혼증명서를 발급한다거나 나이지리아인과 한국 사이에 출생한 아이의 친권을 지정한다거나 하면 대한민국 법원을 뒷전으로 돌리고 호적정리해 줄 용의는 있는지 모르겠습니다!

"혼인은 되는데 이혼이나 아이의 친권 지정 등은 안 돼." 이런 말씀은 못하겠지요.

나이지리아 법에 따라 적법하게 나이지리아 대사관에서 발행한 이혼증명서를 근거로 가족관계부를 이혼으로 정리해 주고 나이지리아 대사관에서 나이지리아 법에 적법하다고 하는 방식으로 지정된 친권을 한국은 당연히 인정해야 한다고 하면 아예 나이지리아 대사관에게 대한민국의 행정·사법권을 넘겨주는 게 좋다고 주장하는 것과 마찬가지라고 하겠습니다.

나이지리아는 250여 종족 37state로 이루어져 있고 심각한 종족 갈등이 빈발하고 있으며 이슬람과 기독교로 양분되는 종교 갈등으로 대량 살육 사태가 빈번히 발생하는 혼돈 지역입니다.
  그래서 혼인법 자체도 종족의 관습법이 있는 곳에는 국가의 혼인법보다 관습법이 우선한다는 조항을 나이지리아 혼인법 35조에 분명히 명기하고 있습니다.
  혼인에 있어 관습법이 없는 곳에 제정법이 보충적으로 적용되는 나라의 혼인법이 대한민국에 와서는 대한민국 민법의 강행규정인 혼인에 관한 규정을 압도하며 적용되는 웃지 못할 일이 벌어지고 있어도 그것이 합당하고 정당한 것으로 오인하고 있는 분들이 있습니다.

우람한 덩치에 새하얀 이빨을 드러내고 번들거리는 눈초리로 내려보면서 영문으로 된 혼인신고서를 제출하면 하늘을 뒤덮으며 덤벼드는 윙윙거리는 흑풍의 공포가 가슴을 후려쳐 천만리 먼 길로 얼이 빠져나간 듯 되는 모양이지요.

그렇지 않고서야 나이지리아에서는 종족관습법보다 못한 보충법이 대한민국에서는 대한민국의 민법상 혼인에 관한 조항을 압도하는 효력을 가지게 되는 터무니없는 일이 저질러지고 있으니 말입니다.

위법한 서류 한 장을 혼인신고 신청서와 함께 밀어 넣어 국제결혼을 라면 한 봉지 삶기보다 쉬운 것으로 만들고 있는 분들이 창구 너머에서 검게 번들거리는 눈빛으로 내려보며 대한민국 담당자님의 어수룩함에 대해 조롱과 비웃음의 검은 바람을 솔솔 날리고 있어도 조금도 느끼지 못하고 있지요.

분명히 이야기합니다. 나이지리아 혼인법은 종족관습법의 보충법으로 나이지리아 국내에서도 정상 작동되지 않는 반신불수의 법입니다.
그런데 한국에서는 한국 법을 찍어 누르는 슈퍼 파워를 가진 온전한 법으로 화려하게 변신하여 대접받고 있습니다.

대한민국을 만만하고 함부로 해도 되는 나라로 인식되게 만드는 이들을 나이지리아에 가서 살 수 있도록 나이지리아 대사관에서 주민등록 신청하고 나이지리아 대사관에서 나이지리아 법에 따라 나이지리아 시민권을 부여할 수 있도록 하고 싶습니다.

대한민국보다 그토록 우선시하는 나이지리아로 영원한 여행을 떠나시도록….

아프리카 국가 국민이라고 해서 모두 피그미족처럼 밀림에 틀어 박혀 있어 아이를 낳든 결혼을 하든 사망을 하든 모두 밀림 속에서 은밀히 이루어지고 외부인들은 도무지 파악하여 알 수 없으며 제대로 된 행정서류 하나 발급받을 수 없는 것처럼 여긴다면 세계 속의 피그미족 취급받아도 마땅한 상식을 가졌다고 하겠습니다.

나이지리아는 영국이 식민지배하기 훨씬 이전 우리가 고려시대 때인 서기 1000년경에 기병과 보병 및 궁병으로 이루어진 20만 대군을 유지하고 이슬람 율법학자들과 관료들이 무역거래로 부유해진 가나왕국의 국가체제를 유지하던 영역권이였으며, 서기 1067년경 과도한 물가상승과 과중한 세금부과로 국력이 약해져 말리에 의해 멸망당한 후는 말리의 영역이 되었습니다.

말리는 말리의 왕이 메카 순례를 위해 한 차례 이집트의 카이로를 지나갔는데 이집트의 금값이 20년 간 반 토막 가격으로 떨어져 거래되게 했다던 부유한 황금의 제국이였습니다.
그런 문명지역에서 식민지배자가 피지배자를 효율적으로 통치하기 위해 하는 첫 작업이 피지배자에 대한 정확한 파악과 오가작통법 같이 효율적인 행정체제를 구축하는 일이지요.

1802년 이래 나이지리아인의 결혼은 결혼지 지방정부에 등록된 후 라고스의 ikoyi kingsway road 19에 소재하는 결혼등록처에서 결혼등록 서류를 송부하여 결혼년도와 장소에 따라 분류되어 보존되도록 되어 있으며 그곳에서 필사에 의한 결혼증명서를 발급받을 수 있는 행정체제를 구축하고 있습니다.

대한민국 호적관서에서는 나이지리아 대사관에서의 진행된 결혼식과 발급한 결혼식증명서를 본국 법에 의한 결혼으로 완벽하게 인정하여 주고 있는 것입니다.

이런 편법으로 이루어진 국제결혼 절차를 담당자님은 하자 없이 진행된 정상적인 것으로 완결시켜 인정해 주고 있습니다.

이후부터는 처음 결혼한 여자가 싫증나면 적당히 이혼처리하고 다른 여자와 결혼해도 외국인의 본국 법에 따른 이혼 절차 같은 것은 전혀 생각하지도 않습니다.

그저 한국 법원 판결문 하나면 다른 한국 여자와 또 결혼할 수 있도록 원스톱 행정시스템으로 처리해 주므로 한국은 외국인에게 매우 편리한 행정 절차를 제공하는 호구 나라가 됩니다.

이혼하고 결혼해도, 또 이혼하고 결혼해도… 한국에서는 늘

총각처럼 남가일몽의 꿈속처럼 잘살 수 있습니다.

 이렇게 한바탕 한국에서 잘 노닐다가 문득 고향땅으로 돌아가도 본국에서 결혼했던 자에게는 마나님이 먼 이국땅에서 바람도 안 피우고 돈 벌어 잘 돌아왔다고 지극한 대접을 받을 것이며 처음부터 미혼의 총각이었던 자에게는 백지처럼 깨끗한 미혼상태를 유지해 주니 외국에서 돈 벌어 온 훌륭한 총각 대접을 받아 아름다운 고향 처녀와 백년가약을 약속할 수 있겠지요.

 대한민국이 파키스탄·나이지리아인들에겐 영원한 꿈과 환상의 땅이겠지만 사랑의 환상이 깨어진 후 이 땅에 버려진 이들에게는 더럽혀진 호적을 시지포스의 무거운 돌덩어리처럼 등에 지고 가파르고 강퍅한 삶의 언덕을 오르락내리락거리며 영원한 고통을 겪어야 할 땅이 되었습니다.

 비나이다. 비나이다. 옥황상제 전에 비나이다. 동해용왕 전에 비나이다. 서해용왕 전에 비나이다. 남해용왕 전에 비나이다.
 허위·위조 서류로 한국인들을 농락하고 한국 땅에서 영원 무궁토록 노닐 수 있도록 이렇게 탄탄대로 길을 마련하여 판을 깔아준 분들도 동반하여 나이지리아로 함께 돌아가서서 다시는 오지 않도록 비나이다. 비나이다.

나이지리아 허위 문서

한국에서 Me. r. o(생년월일 1960. 00. 00)란 여권을 가지고 10년 가까이 살던 나이지리아인이 한국인과 결혼을 위해 나이지리아에 가서 공증인 사무실에서 서류 A의 '연령 선언문'이라는 것을 공증하고 이름은 Na. b. u이고 생년월일은 13년이나 젊은 전혀 다른 여권을 가지고 들어왔습니다.

그리고 나이지리아 대사관에 가서 서류 B의 '출생일과 성명 변경'에 관한 대사관 문서 한 장을 받고 새로운 이름과 생년월일로 결혼등록한 뒤 나이지리아 대사관에서 결혼식증명서를 받아 한국 호적관서에 혼인신고하고 아이까지 낳아 살고 있습니다.

서류 A

IN THE NOTARY PUBLIC OF NIGERIA
HOLDEN AT IKEJA

DECLARATION OF AGE

I, ..., Male, Christian, Nigerian Citizen of No. 6, Power Line Avenue, Canal Estate, Okota, Lagos State, do make oath and declare as follows:-

1. That I am the above named person.

2. That I was informed by my parents that I was born on the 10th day of October, 1973 at Akpodim in Ezenaihette, Mbaise Local Government Area of Imo State of Nigeria.

3. That at the time of my birth, Certificate was obtained but later got lost.

4. That this affidavit is now required for record purposes.

5. That I make this declaration in good faith believing same to be true and correct in accordance with the Provisions of the Oaths Law of 2003.

....
DEPONENT

SWORN TO AT THE NOTARY PUBLIC
OFFICE, IKEJA, THIS ...1ST....
DAY OF ..DECEMBER......... 2008

BEFORE ME

NOTARY PUBLIC
OFFICE OF NOTARY PUBLIC
MAXWELL L. MBAGWU
7, KODESOH STREET
IKEJA NIGERIA

연령 선언문

나 br은 나이지리아 라고스 주 어디 어디에 사는 기독교를 믿는 남자로서 다음과 같이 선언합니다.

1. 나는 위에 언급된 이름을 가진 사람입니다.
2. 나는 나이지리아 이모 주 어디 어디에서 1973. 00. 00 출생하였다는 것을 부모에게서 알게 되었습니다.
3. 출생증명서는 있었지만 분실해 버렸습니다.
4. 이 선언문은 기록을 위해 요청된다.
5. 2003년 공증법 규정에 따라 이 선언문은 진실되고 정확하다고 믿을 수 있는 확신을 가지게 한다.

　나이지리아 대사관 발행의 결혼식증명서는 공적 문서가 아니라 사용할 수 없다고 앞부분에 설명했으니 더 이상 재론은 안 해도 되겠지요.

　상식적으로 생각해 봅시다. 33살 먹은 홍길동이란 주민등록증 가진 사람이 어느 날 갑자기 20살 먹은 임꺽정이란 주민등록증 내밀면 그렇게 된 사유를 알 수 있는 개명판결문 같은 신뢰할 수 있는 공적 문서를 제시하지 않을 경우, 앞 주민등록증이 가짜 아니면 뒤 주민등록증이 가짜라고 여기는 것이 정상 아니겠어요.
　"믿습니다." 하고 아무렇지 않게 여길 수 있을까요.

서류 B

EMBASSY OF THE FEDERAL REPUBLIC OF NIGERIA
310-19 DONGBINGGO-DONG,
YONGSAN-KU, 140-230 SEOUL,
KOREA

C.P.O.BOX 3754
Telephone : (82-2) 797-2370/3280
Fax : (82-2) 796-1848
Telegrams : NIGERIAN SEOUL
URL: www.nigerianembassy.or.kr
e-mail: chancery@nigerianembassy.or.kr

Ref. No : ENS/CN/CON. 3/III

Date : April 18, 2009

Daejeon Immigration Service
150 Mokdongkil,
Jung-gu,
Daejeon Metropolitan City

<u>Change of Date of Birth and Name in Respect of</u>
<u>Mr. NAPOLEON BRAVE UGOCHUKWU</u>

I am directed to infirm you that the above named Nigerian with passport No. A00735650 has changed his date of birth from 1960 to 1973 and his name from

2. To this end, it will be appreciated if any assistance is given to him to facilitate this change is extended to him.

3. Attached herewith, are the affidavit for declaration of age and name from relevant Nigerian authorities for your perusal and further action.

4. Please accept the assurances of the Embassy's consideration.

A. Adie
for Ambassador

Na. b. u에 대한 출생일과 성명 변경

1. 여권 번호 A 00000를 가진 위 언급된 성명의 나이지리아인의 출생일을 1960. 00. 00에서 1973. 00. 00 으로, 이름은 Me. r. o에서 Na. b. u로 변경되었음을 알립니다.
2. 변경된 성명과 출생일을 사용함에 도움을 주시면 감사하겠습니다.
3. 첨부된 문서는 관련 나이지리아 당국에 의해 연령과 성명에 대한 성명 선언문입니다.
4. 나이지리라 대사관 보증을 인정해 주십시오.

　부정부패가 만연한 국가의 공증인 사무실에서 만들어 주는 사문서는 선언서, 성명서 따위는 우리나라 대서소에 가서 "아프리카 밀림에 사는 문맹의 음캄보족에게 사용할 거니까 내 나이가 스무 살 젊고 이름도 새로운 이름이야 하는 내용의 서류 대충 하나 만들어 줘." 하고 수수료 2만원 주어 만든 사문서보다 훨씬 신뢰할 수 없는 사문서이지만 "믿습니다." 합니다!

　이 사문서를 근거로 주재국에서 사용할 수 있는 법정양식에 의한 공적 문서를 발행할 권한이 없는 대사님이 자국의 공증인 사무실에서 대충 만든 엉터리 사신 형식의 문서를 근거로 작성했다는 사신 한 장 적어주면 그것을 공적 문서인 것처럼 착각을 하고 "황송스럽게도 대사관 대사께서 외교문서를 다 내리시네!" 하며 받들어 모십니다.
　우리나라 대사관 외교관이나 영사님들이 외국에 나가 하는 일이 무엇인지 잘 아시겠지요.

주한 외교관들의 일도 더도 덜도 아니고 같아야 상호주의 외교원칙에 맞지요.
우리나라 사람이 외국에 가서 여권 잃어버리면 대사관 가서 여행증명서 만들어 달라고 할 때 신분확인을 위해 어떻게 합니까. 본국 경찰서 신원조회하고 가족 연락처로 연락하여 확인하고 그러지요.

한국 대사관에서 한국 사람에게 주민등록등본 떼주고 가족관계등록부 떼주고 그런 일 안 해요. 한국의 공적 서류가 외국에 직접 사용될 이유가 없기 때문에 할 필요가 없어요.
혼인신고 받아도 봉투에 담아 등록기준지로 그냥 보내는 역할 같은 것밖에 안 합니다.
주한 외국 대사관도 마찬가집니다. 상호주의 아시지요! 외교관이 하는 일은 국가 간 서로가 인정하는 만큼만 하는 것인데 한국 외교관이 그 나라 가서 하지 못하는 일은 한국에 있는 그 나라 외교관도 할 수 없고 해도 안 됩니다.

나이지리아인과 결혼의 끝은

모든 한국인과 결혼한 나이지리아인의 결혼은 나이지리아 대사관 대사 명의로 결혼등록이 되어 한국 호적관서에 혼인신고되고 있습니다.

혼인에 관한 대한민국 민법이 있는 나라에서 혼인등록할 수 있는 두 개의 국가 권력이 있을 수 없다는 것은 누구이 강조하여 이해하실 것으로 믿습니다.

그래도 이해되지 않는 분들을 위하여 나이지리아 대사관에서 혼인등록한 사람이 한국인 여자와 이혼하고 다른 한국인 여자와 결혼하려고 꿈꾸는 것을 한 번 살펴봅시다.

66년생인 나이지리아 인이 83년생인 한국인 여자와 2006년

[배우자의국적] 나이지리아
[혼인증서작성자] 주한서울 나이지리아 다
[증서등본제출일] 2007년 12월 06일
[증서등본제출자]
[송부일] 2007년 12월 12일
[송부자] 서울특별시 용산구청장
[이혼조정성립일] 2009년 11월 24일
[조정법원] 의정부지방법원2009드단1472
[배우자]
[배우자의출생연월일] 1966년 02월 04
[신고일] 2009년 12월 10일

비즈니스로 인도 오지 생활을 하던 중 시댁서 내사람도 만났습니다.
그 동안 일만해오고 한국에 대해 제대로 알 기회가 없었는데
시댁 만난 몸와 함께 한국에 대한 추억을 만들고 싶습니다
서둔 한국말로 다시 배우고 싶고 좋은 명소들도 찾아다니고 싶습니다.
그게 중요한 것은 지금 만나고 있는 여자친구가 회사에서 안정하게 자리 잡히되면
결혼할 계획입니다.
또 하나 중요한 것이 있다면 아직 한국에서 해결하지 못한 일이 있습니다
이혼한 전부인에게 위자료를 받아야하고 다가오는 3월 31일날
재판이 있습니다. 그러므로 한국에 좀 더 체류하기 원하고 있습니다

6월 결혼하였습니다. 그리고 2009. 11. 24 이혼하였습니다.

이혼 책임이 한국인 여자한테 있는 것 같지만 이혼 재판할 때 결혼을 전제로 만난 지 꽤 되는 90년생인 한국인 여자 친구가 있었습니다.

나이지리아인 자신은 바람을 피우고 있지만 결혼이 깨어진 책임은 전 한국인 부인에게 책임이 있다고 위자료 청구까지 하고 있습니다.

결혼을 깨뜨린 책임이 한국인 배우자에게 있을 경우 외국인이 한국에 계속 있을 수 있다고 하니까 한국에 계속 있으려고 수를 쓰는 것인지 진짜로 한국인이 결혼을 깨뜨릴 일을 저질렀는지 알 수는 없지요.

그렇지만 이혼한 바로 다음날 외국인이 결혼을 전제로 사귀고 있던 여자 친구가 있다고 하면 누가 결혼을 깨뜨렸는지 헷갈리지요. 그래도 법원은 나이지리아인의 주장대로 한국인 여자가 잘못해서 이혼한 거야 하고 판결하고 한국인 여자가 위자료 줘야 돼 합니다.

이것을 보면 재판이란 건 객관적 진실을 분명히 가름하기 위해 존재하는 게 아니라 무언가 원하는 대답을 얻고자 하는 자를 위하여 원하는 답을 내어주는 곳인 것 같습니다.

힘겨루기에 밀린 자들의 원망과 눈물을 뒷전에 켜켜이 쌓아

두는 허깨비 놀음이고 실체 없는 허상을 가지고 마치 실상인 것처럼 이리저리 모양 좋게 재단하는 시늉을 하지만 결국은 힘 있는 자의 뜻대로 모든 것이 이루어지도록 하지요.

 결국은 원하는 자들을 위하여 원하는 게 툭 튀어나오도록 되어 있는 자판기에 불과한데 말입니다.
 나이지리아 역시, 혼인등록이 정상적으로 되어 있다면 혼인등록 상태를 미혼인 상태로 만들기 위해 법정에서 판관이 이혼판결을 하는 제도를 가지고 있는 나라이지만 한국에서 한국인과 결혼하고 이혼하는 경우 혼인등록도 해 주고 이혼정리도 할 수 있는 나이지리아 대사관이 모두 알아서 처리해 주니까 이따위 절차는 전혀 필요 없지요.

 나이지리아인이 한국인 여자와 이혼한 뒤 새로 사귄 한국인 여자와 재혼하는 것이 이렇게 간단하고 쉽다는 것을 당연한 것으로 여기며 전혀 괴이하게 생각하지 않는 분들이 호적관서에 앉아 세월을 보내며 강태공 노릇을 하고 있습니다.
 곧 나이지리아인이 한국 이혼판결문을 가지고 나이지리아 대사관에 가서 미혼성명서 받아오거나 곧바로 새로운 한국 여자와 함께 혼인등록하고 오더라도 일점의 의혹도 없이 혼인신고 받아줄 용의 있는 곳이 호적관서이며 한국에 잘 사시라고 비자 연장도 해 줄 분이 친절하게 기다리고 있습니다.

아직 나이지리아 대사관에서 나이지리아 법에 의거 한국인과 결혼한 나이지리아인의 혼인등록이 무슨 문제이냐 하는 분이 틀림없이 있을 겁니다.

이런 분들이 자리를 보전하고 나라 일을 한다고 하면 병독이 골수에 깊이 스며 오늘 내일 하는 환자보다 대한민국의 명운이 더 위태롭다고 해도 할 말이 없겠습니다.

위조 서류로 시작하고 위조 서류로 끝나는
한국인과 중국인의 결혼

10만 건에 달하는 한국인과 중국인의 국제결혼 서류가 몽땅 허위·위조 서류로만 이루어지게 된 출발점은,

법 원 명 : 헌법재판소

선고일자 : 2005.3.31.

사건번호 : 2003헌마87

선 고 : 선고

사건구분 : 전원재판부

2)사 건 명 : 한중국제결혼절차위헌확인

여기서 부터입니다. 아주 길고 어지럽게 이해하기 어려운 법

률용어를 뒤죽박죽 얽어내어 그러나 아주 합리적인 것으로 결론을 딱 내리면 대한민국에서 그 누구도 반박할 수 없는 권위를 가진 곳이 있습니다.

 바로 그곳에서 한국에서 먼저 혼인신고하고 중국에서 혼인신고하는 절차 없이, 중국에서 먼저 결혼신고한 뒤 한국에 혼인신고하여 중국인 배우자를 초청하는 것은 불평등하여 곤란하지, 하고 고개를 갸우뚱했습니다.
 법을 원석으로 삼아 뜻하는 바대로 마음대로 조각할 수 있는 법의 조각가님들이 정을 한 번 탁 내리치는 시늉을 한 겁니다.
 법을 만드신 분들이 법가공제한법 같은 걸 맹글지 않아 그런지 법은 법대로가 아니라 모양 좋게 디자인하고 재단하는 분들 손에 가공되는 것이란 것을 느끼게 하는 일들이 워낙 많지만 그분들의 권위가 워낙 태산처럼 높아 그 누구도 감히 그 재단된 제품에 가타부타 댓글을 달거나 눈을 치뜨고 쳐다볼 수 없잖아요.

 헌법재판소 판관이 위헌스러워하며 딴죽을 걸면 대한민국 공무원들만 "우리가 한 짓이 위헌이야." 하고 놀라 나자빠져야 하는 국내법만의 문제가 아니고 타방의 국가공무원에게도 "불평등하게 합의한 멍청한 공무원들이야." 하고 모욕을 가하는 결과가 되는 외교문서인 영사합의문에 꼭 헌법대로 만하고 역지사지 외국의 외교부 관리의 입장을 고려할 필요 없는 헌법재판관이 딴죽을 탁 건 겁니다.

　이제 오류 없는 진리만 말씀하시는 높고 높은 곳의 판단을 따르지 않으면 법 중에 대왕 법을 어기는 것이라고 여기시는 여러 곳의 높은 분들이 화들짝 놀라 아랫것들을 고양이 쥐 몰듯 닦달하여 당장 빨랑빨랑 바로잡아 하고 호통을 치게 되겠지요.
　대한민국 외교부 실무자께서는 윗분은 눈을 부라려 빨리 바로잡아라! 하지, 새로 영사 합의하려니 상대방에게 부탁하는 처지가 되어버리지, 자연 저자세가 될 수밖에 없지요.

　그런데 한·중 국제 간 결혼 절차에 관한 합의가 위헌이 되니 한쪽 당사자인 중국 측 외교부 관리들도 자기들이 합의해 준 것이 잘못되었다고 뜬금없이 나무라는 꼴을 당한 것이 되어 매우 기분 좋지 않았을 겁니다.
　이것 봐라, 대국의 외교부 고위관리님이 심사숙고해서 합의해 준 외교문서를 불평등하게 잘못되었다고 위헌이래.
　"아휴 기분 나빠." 도대체 내용이 뭐야.

　"무차별적이고 불법적인 중국 인력의 국내 유입을 방지"
　"위장 한·중 국제결혼을 방지하여 선의의 한국인들"

"중국의 관공서에서 위 사증신청을 위하여 발급하는 각종 공문서가 위조 또는 변조되는 사례가 많아 중국이 발행하는 공문서의 신뢰성이 높지 않아"

헌법재판관님들은 정확하게 당시의 상황을 인식하고 그 상황을 판결문에 적시하셨겠지만 이 내용을 읽어 보는 중국 관리님에게는 불평등합의하였다고 타국의 재판관에게 타박을 당한 꼴이 되었습니다.

판결문 또한 엎친 데 덮친 격으로 대국을 깔보고 내려보는 내용으로 가득하여 기분이 몹시 좋지 않았을 겁니다.

2005. 07 한·중인 간 결혼에 관한 영사 합의문

〈한국에서 먼저 결혼신고하는 경우의 중국인 서류준비〉

(가)① 중국인의 미(재)혼공증서, 국적공증서, 친적관계공증서를 호구지 공증처에서 공증
　② 공증된 문서를 중국 외교부 또는 각 성, 자치구 및 직할시의 외사 판공실에서 공증
　③ 확인 완료된 문서를 한국인의 등록기준지에 제출하여 혼인신고

〈중국에서 먼저 결혼신고하는 경우의 한국인 서류준비〉

(가)① (한국에서) 한국인의 혼인관계증명서 발급
　　② 혼인관계증명서를 한국법률사무소에서 공증(중문 번역)
　　③ 한국외교통상부(재외동포 영사국 민원실)에서 인증
　　④ 인증받은 문서를 주한 중국 대사관에서 영사 확인
　　⑤ 확인 완료된 문서를 소지하고 중국인 호구지 민정국에 혼인신고

2005. 07 한·중인 간 결혼에 관한 영사 합의문은 을사보호조약을 능가하는 한·중 불평등조약

　제갈공명의 기기묘묘한 계책과 손빈의 신출귀몰한 모략으로 교섭하여 합의도출하는 것은 아닐지라도 자국에게 보다 유리하고 상대국에는 좀 덜 유리하도록 갖은 애를 쓰는 것이 외교관의 기본 자세이며 원칙이라고 알고 있습니다.
　기존의 합의문을 파기하고 새로운 합의문을 만들어 내어야 하는 입장에 처하여 부탁하는 처지에 놓인 자에게 대한민국 국민에게 불리하지 않은 조건의 합의를 서둘러 해 오기를 기대하기는 어려웠을지 모릅니다.
　도대체 뭐가 불평등한 건지 이해가 안 되시는 분들을 위해 설명 드리겠습니다. 한 번 살펴봅시다.

　첫째, 서류준비 절차에서 중국은 3번 항목까지이고 한국은 5번 항목까지로 2항목의 절차가 한국 측에 더 있다는 것입니다.

즉 중국인이 준비하는 중국 서류는 대충 준비해도 되고 한국에서 한국인이 준비하는 한국 서류는 빈틈없이 해야 된다는 말이지요.

둘째, 중국 측 배우자가 준비해야 할 서류는 국가기관에서 발행하는 공적 서류가 아닌 공증인 사무실에서 작성해 주는 사문서이고, 한국 측 배우자가 준비해야 할 서류는 국가기관에서 발행하는 공문서입니다.
서류가 잘못되어 서류를 발행한 곳에 책임을 물어야 할 경우 공증된 사문서의 내용은 공증사무소도 아닌 공증한 공증 담당자 개인이 지는 것이지만 국가기관에서 발행한 공문서는 공문서 발행기관 뿐만 아니라 국가 자체가 책임을 져야 합니다.

셋째, 한글전용교육이 시행된 지 상당한 시간이 흘렀고 영어를 제일 외국어로 교육한 지도 오래되었는데 한자, 그것도 한국 땅에서 통용된 사실이 전혀 없는 간자체 한자로 된 중국 공증서가 영문 번역 공증 절차 없이 곧바로 호적관서에 제출 가능하도록 된 것입니다.

파키스탄·나이지리아인들의 혼인신고에서 보시다시피 별 시답잖은 영어 사문서에도 벌벌 떨며 경외감을 가지는 호적관서 직원이 영어 번역 공증된 것을 봐도 뭔 글인가 하고 쳐다보기나 하겠습니까마는 그래도 글로벌시대라고 입만 벙긋하면 영어 타령하는 분위기인데 분위기도 안 맞추고 영어를 사용하지 않는 국가의 문서를 원문 그대로 받아들인 겁니다.

호적관서 계신 분이 한자를 안다 할지라도 번자체 정도 알 것이고 잘 안다 한들 문장을 읽을 능력되는 분이 얼마나 되겠어요.
글자 한자만 잘못 해석해도 상반된 뜻을 가진 간자체 공증 문서를 문장으로 읽고 해석할 처지에 놓이도록 했으니 외교부 합의하신 분께서는 대한민국 호적관서 담당자님들이 모두 중어중문과 박사급은 되는 것으로 생각하신 듯합니다.
법령의 근거 하에 발행하는 국가문서는 격식과 틀이 꼭 정해지지만 공증 문서는 글자 한 자 한 자에 따라 그 뜻을 전혀 상반되게 만드는데도 그 내용을 제대로 해독해 낼 수 없는 호적관서 공무원에게 그런 문서를 접수하라고 했으니 참으로 무참한 일입니다.

이 합의 이전에는 주로 한·중인 간 위장결혼이 문제였습니다. 위장결혼은 대한민국 호적관서나 중국 민정국에서의 결혼신고 서류들은 모두 진본이지만 결혼할 생각 없이 결혼하여 중국인들이 결혼비자를 받아 한국에 입국할 수 있도록 한 것입니다.

오죽했으면 역전의 주민등록증 가진 노숙자들에게 거금을 주고 중국으로 모셔가 중국 여자와 결혼 서류를 만들어 결혼등록을 하게 한 뒤 중국인들이 한국에 입국할 수 있는 비자를 받도록 했겠습니까.

한국 법정에서 재판할 때도 결혼의 진정성, 진짜 결혼할 생각 있었느냐 아니냐?가 문제된 그야말로 양심의 문제였습니다!
그런데 이 합의 이후 한·중 국제결혼은 양심의 문제인 위장결혼이 문제가 아니고, 진본 문서 보기가 로또당첨 되기보다 힘들 만큼 허위·위조 서류로만 이루어지는 국제결혼 판으로 완전 탈바꿈되었습니다.

넷째, 그러면서도 한국에서 발행한 국가문서는 중문 번역해 바치라는 중국 측의 뜻을 알뜰히 따랐습니다.
다섯째, 한국 측 배우자가 준비한 서류는 한국 외교부에서 인증받은 후 중국 대사관에 가서 꼭 인증을 받도록 했지만 중국 측 배우자가 서류 준비한 때는 중국 지방정부의 외사판공처의 권위와 확인만으로도 충분하다고 판단되므로 한국 대사관에 가서 인증하는 절차를 생략해 주었습니다.

외국 공문서가 다른 나라에 사용되기 위해서는 그 국가의 주재국 대사관에서 사용승인 과정을 받아야 하는데 영사 합의로 그 사용승인 절차를 생략해 준 겁니다.

　아무래도 대한민국은 중국의 성급 지방정부보다 격이 낮은 지방정부의 현급으로 강등된 기분입니다.

　외교부통상부의 외교협상 능력이 이것인가 생각하면 무슨 조약, 무슨 합의했다고 할 때마다 촛불 들고 광장으로 나가야 하는 게 아닌가 하는 생각이 다 듭니다.

　2005. 07 한·중인 간 결혼에 관한 영사 합의문의 내용을 이렇게 꼼꼼히 보게 되면 간단한 5개조문으로 구성된 을사보호조약을 체결한 이완용을 비난할 마음조차 생기지 않습니다.

　일본은 청나라 군사력이 들어와 있던 한반도를 전장으로 하여 벌인 청일전쟁에서도 승리하였고 승리의 전리품을 챙기려는 것을 간섭하는 러시아와의 전쟁에서도 여순, 봉천의 전투에서 치열한 싸움을 벌여 전투 지휘부 대장의 두 아들을 포함한 죽음을 두려워하지 않는 정예군 중 정예 병사 86,000명의 전사자를 내며 승리하였습니다.

　일본 전역은 86,000명 일본군 전사자의 피를 뒤집어쓰고 얻은 승리의 기쁨과 전사자들을 향한 애도의 비통함이 교차하고 있었으며 그 비통함을 달래기 위해 대승리에 걸맞은 전리품으로 조선병탄과 만주대륙의 확보를 확고히 하려 하고 있었습니다.

　이런 판에 군사력이라고 할 수조차도 없는 1개 사단 병력의 허약한 병력을 가진 쇠잔한 조선제국의 관료인 늙은 총리대신 이완용이 할 수 있는 선택은 핏물이 뚝뚝 떨어지는 일본도의 그림자 밑에서 희미한 저항의 신음을 지르거나 준비하여 내미는 문서에 손을 부들부들 떨며 요식적인 서명을 할 수밖에 없었을 겁니다.

서기 2005년은 독립국가 대한민국이 중국의 압제로 숨도 쉴 수 없을 만큼 눌러 지낼 때도 아니고 합리적인 정당한 내용의 합의문을 작성해도 목숨을 위협당할 만한 상황도 아니었습니다.

그 내용이 아무리 가벼운 것일지라도 국가의 품격이 달려 있고 국민의 중요한 이해관계가 달려 있는 문제를 다룸에 있어 치욕스럽다고 여겨지는 합의를 스스로 자유의지에 따라 할 수밖에 없었던 사유가 무엇인지요.
또 외교전문가 집단에서 아무런 지적이나 이의제기 없이 받아들여져 일반 행정관서에서 그대로 집행되기에 이르게 되었다는 것은 아무리 넓은 마음으로 이해하려고 해도 도무지 이해할 수가 없습니다.

20세 나이, 머리 피도 안 마른 주제에 군사의 위력으로 조선에서 거금을 쥐어 짜내 북양군벌이 된 후 마침내 청나라를 멸망시키고 반년짜리 황제에 올랐던 원세개 같은 자가 대한민국 정부 구석구석 포진해 있고 수많은 이완용이 도처에 깔려 있어도 이보다 더할 수는 없습니다.

중국 국가안전부는 정보수집방식이 독특하고 탁월하다고 합니다. 정보의 핵심만을 얻는 방식이 아니라 외국에 나가 있는 수많은 중국 인력 전체를 정보수집자로 하여 한 알 한 알 작은 정보의 알맹이들을 모아 큰 정보의 그림을 그리는 방식이라고 합니다.

아주 작고 사소한 것이지만 조금씩 중국의 문서가 대한민국에서 공문서 이상의 대접을 받고 중국의 법령이 대한민국 땅에서 대한민국의 양해나 사용허가 없이도 하나하나 적용되어 나가도록 되어간다면 동북공정의 성공이 눈앞에 다가온 것처럼 기분 좋은 일이겠지요.

수백만 개 부품으로 만들어진 미국 우주왕복선 챌린저호가 공중 폭발한 원인이 발사 당일의 영하로 떨어진 기온으로 딱딱해진 겨우 2~3달러짜리 고무링이 원인이었다고 합니다.

사소한 일이라고 할지라도 함부로 할 수 없는 나라 일을 소홀히 처리한다면 어찌 나라 팔아먹을 짓도 태연히 범하지 않는다고 장담할 수 있으리오.

흘러간 역사를 대상으로 하여 동북공정이란 방식으로 대의명분의 큰 틀을 짜놓고, 그 짜인 틀을 바탕으로 그려진 그림을 현실로 완성시키기 위해 각각의 분야에서 눈에 뜨이지 않는 작은 일이지만 조금씩 진척시켜 나가는 방식을 대한민국에 적용시켜 대한민국을 은근히 중국화하는 일이 이루어지고 있는 것이 아닙니까.

한·중인 간 국제결혼에 관한 합의문이 작성된 후 지금까지 진행되어 가는 것을 보면 그렇지 않다고 할 수 없을 만큼 독립국가로서 국격을 손상시키는 일들이 대한민국 일반 행정관서에서 아무렇지 않은 듯 척척 행해지고 있는 것입니다.
중요하지도 않은 결혼 절차에 관한 합의문을 가지고 지나치게 비약하여 이야기한다고 하시겠지요.

나라에 봄이 왔으면 집 뜰의 개나리꽃 활짝 핀 것만으로도 알 수 있는 것이지 백두에서 한라까지 양달마을 응달마을 꽃구경 다녀와야 알 수 있는 것이 아니지요.

한국 호적은 누더기

제2부

중국 결혼 서류 미혼공증서 이야기

2005. 07 이후 한국 호적관서에 접수된 10만 건에 달하는 모든 중국인과 한국인이 혼인한 국제결혼 구비서류는 거의 전부 허위·위조 서류라고 거듭 단언합니다.

또 허위·위조 서류를 근거로 결혼한 후 초청하는 분이 결혼한 건당 2명을 넘으니 적어도 한국에 들어온 중국인 30만 명이 허위·위조 서류를 고구마 뿌리로 해서 덩굴덩굴 들어왔다고 생각됩니다.

한국 사람은 컴퓨터에 조금 친한 사람 주민등록번호 사용해서 가입해서 좋은 그림 좀 봤다고 잡아가고, 잠시 다른 사람 카드 몰래 한 번 빌려 밥 한 번 먹었다고 잡아가고, 사랑하는 사

未婚公证书

（200　）黑公外民证字第　　号

兹证明▇▇▇（女，一九七三年八月▇日出生，现住黑龙江省哈尔滨市太平区▇▇▇▇▇▇（南头▇））至二〇〇　年十月二十八日未曾登记结婚。

中华人民共和国黑龙江省公证处

公证员：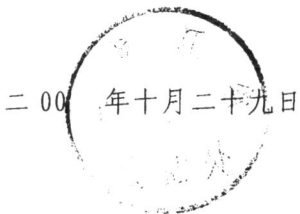

二〇〇　年十月二十九日

"중국 모처에 모모 주소를 둔 OOO는 모년 모월 모일까지 결혼 등기하지 않았음을 증명합니다."

람이랑 마누라 몰래 거시기했다고 잡아가고, 술 한 잔하고 내 아파트 마당에서 내차 시동 한 번 걸었다고 잡아가고 길가다가 손자 장난감하려고 유리상자 안에 있는 반짝이는 유리조각 조그마한 것 집어갔다고 잡아가고, 어떤 중국인이나 한국 사람은 진짜 서류로 결혼했지만 마음이 진짜가 아니라고 잡아다가 감옥 살린 뒤 강제 출국시키고.

정말 별의별 거로 다 잡아가는데 허위·위조 서류로 결혼한 중국인들에게는 대국의 칙사 대접을 하는지 대한민국 국적 척척 내어주고, 영주권 척척 내어주고, 친척 초청 척척 해 주고 허위·위조 서류가 아주 암행어사 마패보다 더 위력적으로 통하는 게 요지경 대한민국 현주소가 되었습니다.

중국 미(재)혼공증서를 정당한 혼인신고 구비서류로 판단하고 접수 처리한 호적관서 담당자들의 오류를 지적하기에는 한·중인 간 국제결혼에 관한 영사 합의문의 내용 자체가 언급한 것처럼 너무 모호하고 큰 문제점이 있지요.

말했다시피, 공증 문서는 글자 토씨 하나, 점 하나 틀려도 전혀 내용이 틀릴 수 있고 법률효과가 부인되는 사문서입니다.

그런데 영사 합의문에 분명히 '미(재)혼공증서'라고 했지요.

그럼,

1. 합의문에 언급된 '미(재)혼공증서'란 타이틀을 가지고 미

혼 여부를 확인할 수 있는 중국 국가기관인 민정국 발행의 혼인상황증명 등의 공적 서류를 주 서류로 하여 이런 공적 서류가 합법적이고 정당한 것이란 내용으로 공증한 내용의 미혼공증서라야 하는 것인지

  2. '미(재)혼공증서' 란 타이틀만 적혀 있는 공증 서류만 구비해 오면 그 내용이 '죽과 밥이 만나 죽밥이 되든 말든 되었다' 해도 접수해야 할 것인지

  3. 아니면 '미(재)혼공증서'에 공적 서류는 없더라도 내용을 검토하여 공증인이 정상적으로 성실하게 공증한 것인가를 보고 적법성 여부를 판단하고 접수해야 할 것인지

  4. 타이틀은 '미(재)혼공증서'가 아닐지라도 그 내용이 중국 국가기관인 민정국 발행의 혼인상황증명 등의 공적 서류를 주 서류로 하여 이런 공적 서류가 합법적이고 정당한 것이란 내용으로 공증한 내용의 미혼공증서라면 적법한 것인지

  5. 무혼인기록증명공증서 같이 타이틀은 '미(재)혼공증서'가 아니나 그 내용은 공적 기록을 보고 공증한 뉘앙스를 풍기며 무슨무슨시 지역의 무혼인등기만 확인한다. 따위의 내용도 인정해야 하는지

6. 타이틀도 '미(재)혼공증서'가 아니고 내용도 '결혼하지 않았다는 내 말이 사실이야 내 말이 틀리면 법적인 책임은 내가 진다' 하는 내용 따위의 공증서까지 인정해 주어야 하는지….(하— 하, 사실 이따위 것이 가장 많습니다.)

주민등록등본이나 가족관계부처럼 국가가 발행하는 공적 서류는 법으로 딱 정해져 있어 대한민국 어디를 가도 꼭 같습니다.
마찬가지로 중국도 법이, 진시황이 법가의 한비자 이론을 채용하여 도량형을 통일하고 전국의 법을 하나로 만들어 법대로 할 때부터 대한민국보다 훨씬 정밀하고 촘촘한 법이 있는 나라입니다.

외교통상부가 중국이란 국가는 국가체계가 아마존의 눈물에 나오는 원시부족 수준으로 결혼하지 않았다는 공적증명 서류 하나 발행할 능력이 없는 줄 알고 사문서인 미(재)혼공증서를 혼인신고 구비서류라고 합의하는 얼빠진 짓을 할 리는 없었을 것이고.
본래는 1)의 '미(재)혼공증서'란 타이틀을 가지고 미혼 여부를 확인할 수 있는 중국 국가기관인 민정국 발행의 혼인상황증명 등의 공적 서류를 주 서류로 하여 이런 공적 서류가 합법적이고 정당한 것이란 내용으로 공증한 내용의 미혼공증서를 생각하고 합의문을 작성했을 겁니다.

그런데 복잡한 것도 골머리 안 썩이고 간단명료하게 한방에 이해하시고 즐기시는 분들이 이거 아주 간단하잖아 하고 아랫 것들에게 지침을 내리며 중국인들과 결혼은 '미(재)혼공증서' 면 다 되는 겨, 해버렸겠지요.

이때부터 중국 결혼 서류는 모두 위조 서류가 되었습니다.

부정부패란 것이 엄청난 뇌물의 뒷거래나 주고받는 이권의 흥정으로 일이 곧고 바르게 처결되지 않음에만 있는 것이 아닙니다.

부정은 주어진 일을 바르고 곧게 하지 않아 억울하게 피해를 보는 국민이 생기도록 하는 것이요.

부패는 마땅히 하여야 할 일을 잘 알고 있으면서도 일신의 안위를 위하여 하지 않고 모르는 체 지나쳐 버리거나, 스스로의 권위에 도취되어 그 권위를 마구 확대하여 오만하게 휘두르는 것입니다.

청신하고 깨끗한 젊은 몸으로 일어난 새로운 나라도 번영하여 태평성대가 좀 지속되면 부정부패가 혈관 벽의 지방덩어리 노폐물마냥 더덕더덕 쌓이게 됩니다.

윗분의 심중을 헤아려 윗분이 원하고 있는 심중의 틀을 벗어나지 않게 처신하고 그 틀을 정확하게 유지하도록 답안을 갈끔하게 도출하여 가져다 주는 자가 유능한 자가 됩니다.

국가와 국익을 위하기보다 조직의 안위를 걱정하여 조직이 불가사리처럼 확대되어 가는 것을 발전이라며 기꺼워합니다.

빈방에 귀신 든다는 말이 있지요. 겉보기가 금천구청의 건물처럼 장대하더라도 그 규모에 걸맞게 건물이 비어 있는 곳 없이 쓸모 있게 쓰이지 않으면 망귀가 든 것과 마찬가지로 나라의 재물이 허술하게 술술 새게 되어 큰살림이라도 기우는 것 아니겠습니까.

나라보다 조직을 생각하고 조직보다 윗분의 안위와 권위를 생각하게 되어 일을 함에 있어 윗분을 짜증나게 하는 일을 두려워하여 관례를 답습하고 관례의 권위를 헌법의 권위처럼 숭앙합니다.

그래서 겉보기는 윗분이 의도하는 보기 좋은 모양새요 장대한 덩치이지만 뼈대는 골다공증이요 혈관은 기름덩이가 잔뜩 끼어 있으니 갑자기 뇌출혈 증세를 보이며 철퍼덕 쓰러져 버리듯 그렇게 되겠지요.

국제결혼과 관련된 이런 나라 일을 하는 곳이 중풍으로 마비된 몸뚱이처럼 그 기능이 하나하나 마비되어 가는 것만 같습니다.

중국 법에 위법이라도 한국에서는 합법

 호적관서 혼인신고 접수 담당자는 중국 혼인신고 구비서류 중 미(재)혼공증 서류가 위법 서류인지 적법 서류인지에 대해 참 답답했을 것입니다.
 진짜 같기도 하고 가짜 같기도 한 중국 공증인사무실에서 공증되고 지방정부의 외사판공처에서 인증한 결혼신고용 공증문서가 공문서인가 혹은 사문서인가, 헷갈리는 판입니다.

 중국 혼인 법과 공증인 법을 이해하여야 중국 법에 따라 합법인지 위법인지 알수 있도록 '한·중인 간 결혼에 관한 절차'를 마련하여 호적관서에 던져주었건만 상세한 지침 마련도 하지 않은 채 일선 호적관서에 일을 하라고 하였으니 중국 법에 밝은 법률전문가도 아닌데 미(재)혼공증서가 정상적인 것인 줄 판별할 수 있었겠나요. 이해합니다, 충분히 이해합니다.

 허위·위조 서류 더미에서 허덕이며 진본 서류인 줄 알고 열심히 일한 당신을 이해합니다.
 한국 사람이 "왜 중국에서 먼저 혼인신고해야 해. 한국에 먼저 신고하면 안 돼." 하고 재판하여 헌법재판소 판관의 판결로 "왜 안 돼, 돼."라고 해서 시작된 문제이긴 하지만 본래는 한국에 눌러 살고 있던 중국 사람들을 대상으로 한 것이었습니다.
 2005. 7월 당시까지 한국에 불법으로 계시던 분들이 얼싸 좋네 했지요.
 나 홀로인 한국 사람만 콜 하면 중국으로 추방될 걱정이 뚝, 이란 기적같이 놀라운 일이 떡 벌어졌습니다.

 상부에 방책이 있으면 아래에는 무궁무진한 대책이 있다는 중국 땅에서 살다 오신 분들이 별의별 대책을 펼치기 시작하고 자본주의 시대에 자본을 확보하는 수단이 무엇인지 늘 고민하는 중국 대사관 주변의 여행사나 행정사 분들이 어떻게 그 대책에 부응하여 적극적인 서비스를 할 수 있을지 고민을 시작하였겠지요.
 간자체 한문 보기를 신령한 부적처럼 여겨 강시처럼 굳어버리는 호적관서와 관련 행정기관 및 영어나 간자체 한문이 있는 곳은 치외법권의 영역으로 알고 접근조차 하지 않은 수사기관의 특성을 순식간에 파악해낸 분들에게 경탄에 찬 경의를 표합니다.

위장결혼 초청 등으로 다년간 갈고 닦은 서류 준비와 조작 요령을 발휘하여 8톤 트럭 몇 대분의 어마어마한 자본을 당달봉사인 관리님들에게는 수고하셨다고 박카스 한 병 가져다 주지 않고 몰염치하게 싹 쓸어 담았을 분들에게 경의를….

미(재)혼공증서는 중국 공증인 법으로 만들어 주는 것이니까 중국 공증인 법대로 안 하면 불법서류가 되지요.

대한민국에 불법으로 있으면서 호적에 이름 올려줄 사람 마련한 분들이 미(재)혼공증서를 만드는 중국 공증인 법 한 번 봅시다.

중국 공증 절차 규칙

제11조 당사자는 타인에 위탁하여 공증을 대리하게 할 수 있다. 단 유언, 유증 부양합의, 증여, 친자 확인 입양, 입양관계, 입양관계 해지, 생존상황, 위탁, 성명, 보증 및 자연인의 인신과 밀접히 관계되는 기타 공증사항은 본인이 직접 신청하여야 한다.

제12조 ······

해외에 거주하는 당사자가 전항이 규정한 중요한 공증사항을 타인에 위탁하여 대리하게 하는 경우 수권위탁서는 그 거주지 공증인(기구)의 공증을 받고 당지 주재 중국 대사(영사)관의 공증을 받아야 한다.

중국 사람이 공증서를 만들려면 본인이 직접 신청해야 되는데 본인은 한국에 있지요 한국 호적관서에 혼인신고하기 위해서는 미(재)혼공증서는 제출해야 되지요.
"그럼 12조에 있는 대로 수권위탁서 만들어 보내면 되지." 하시겠지만 한국에 들어올 때부터 위조 서류로 여권 만들어 온 사람 한둘도 아니고 정상적인 여권으로 한국에 왔다고 해도 중국 서류 자체가 제대로 정리 안 되어 있는 사람이 많습니다.

게다가 정상적으로 미(재)혼공증서 만드는 절차 아는 사람이 있기나 하겠습니까. 대행해 주는 여행사나 행정사에게 적당히 대행료만 집어주면 중국 서류 원스톱으로 해 준다는데 다 맡겨 버리게 됩니다.
대행한 업자가 중국 법대로 하는 건 애당초 불가능한 일이지만 고객의 편의에 부응하지 않으면 수익이 발생하지도 않고 망하게 됩니다.

그렇지만 지금까지 문 닫은 곳 한 곳 없다는 것입니다. 아참 한국에도 공증인 법이 있고 수권위탁서 만들려면 한국 공증인사무실에서 수권위탁자에 대해 공증한 다음 중국 대사관에서 인증을 다시 하라고 하지요.

대한민국 공증인 법 한 줄을 보시지요

제43조 (원본의 열람) ①촉탁인, 그 승계인 또는 증서의 취지에 관하여 법률상 이해관계를 가지고 있음을 증명한 자는 증서의 원본의 열람을 청구할 수 있다.
제50조 (등본의 교부) ①촉탁인, 그 승계인 또는 증서의 취지에 관하여 법률상 이해관계를 가지고 있음을 증명한 자는 증서 또는 그 부속 서류의 등본의 교부를 청구할 수 있다.

수권위탁자 지정하려면 수권위탁할 사람 신분증명서 한국으로 송부한 다음 대한민국 공증인사무실 찾아가 문서 만들어야 하지요. 그리고 중국 대사관 찾아가 다시 인증해야 합니다.
이렇게 한 공증 문서를 중국으로 보내어 지정된 수권위탁자가 미(재)혼공증서 만들어야 합니다. 미(재)혼공증서에 누가 수권위탁받아 공증서를 만들었는지 수권위탁자 인적사항도 남김없이 들어가야 합니다.
시간 걸리고 비용 들고 또 이런 식으로 하면 일 맡기는 당사자가 일을 모두 하는 것이 되는데 여행사나 행정사가 대행받아 대행료 받고 법대로 처리할 필요가 없어지지요.

한국 어떤 관리도 중국 혼인법 따위 신경 쓰지 않는데 중국 공증인 법 같은 것은 신경쓸 리 절대 없다고 예리하게 판단한 돈 버는 귀신들은 알아서 서류 준비해 주었겠지요. 알아서….
중국 공증인 법과 대한민국 공증인 법대로 하면 불가능한 일을 가능하게 하는 일이 일어나고 호적관서는 그때부터 눈뜬 봉사가 됩니다.

2005. 07월 이후 한국에 불법으로 계시면서 한국인과 결혼하여 한국에서 대한민국 국적을 따거나 결혼비자로 잘 살고 계신 분들 중 중국 공증절차 규칙 12조와 대한민국 공증인 법 50조에 따른 수권위탁서 등본을 한국 공증인사무실에서 발급받아 올 수 있는 사람은 단 한 명도 없을 겁니다.

중국 사람이 한국에 있으면서 수권위탁하여 만든 서류일 것인데도 수권위탁자 표시가 되어 있는 미(재)혼공증서를 제출한 사람은 전혀 없으니까요.
중국 법대로 해도 공증격식에 맞지 않는 불법서류인 서류가 대한민국 호적관서에서는 합법적인 서류가 됩니다.
그저 '미(재)혼공증서' 란 타이틀이 붙기만 해도 감지덕지 허겁지겁 환영하여 받아주고 친절하게 모셔줍니다.

외교통상부가 만들어 낸 위대한 작품을 감상하신 호적관서에서는 외교통상부보다 못하면 되지 않는다는 깊은 사명감을 가지고 더 뛰어난 작품으로 완결시켜 나가고자 각오를 단단히 다진 것 같습니다.

함께 다정한 연인이 되어서 타이타닉호에 동반 승선하신 즐거움을 누리시는 것 같습니다.

용왕님 전 알현하시기에 앞서 허위·위조 서류로 피해를 본 대한민국 국민에게 합당한 피해보상 조치를 취하시기를 빌 따름입니다.

관리의 무지와 잘못으로 백성이 피해를 보았으면 피해를 보상하는 것이 국가의 당연한 책임입니다.

미쳐가는 호적관서

③ 한편, 중국 외교부의 회신공문에 따르면, 2003. 10. 1. 이후부터 중국에서 시행된 '혼인등기조례'에 의하여 기존의 혼인상황실체 공증업무가 폐지되고, 혼인상황성명서 공증업무가 시행되고 있으므로 2003. 10. 1.이후부터는 외국인과 중국인 사이에 혼인을 함에 있어서 그 중국인이 외국 주재 중국의 대사 또는 영사로부터 공증을 받은 혼인상황성명서(婚姻狀況聲名書)는 그 중국인이 중국의 본국 법에 의하여 혼인의 성립요건을 갖추었음을 증명하는 서면이 된다고 하는 바, 중국인 을녀가 한국인 갑남과 혼인신고를 하기 위해 한국 주재 중국 영사가 공증한 '미(재)혼성명서(未(再)婚聲名書)'를 첨부한 경우, 이는 혼인의 일방 당사자인 중국인의 본국 법인 중국 법에 의하여 혼인의 성립요건을 갖추었음을 증명하는 서면에 해당한다(2005. 12. 26. 호적과-2936 질의회답).(출처 : 법제처

신분법령집)

 제45조 중화인민공화국 외국주재 사(령)관은 본법 규정 혹은 중화인민공화국 체결 혹은 참가한 국제조약 규정에 따라 공증을 한다.

 호적관서에서도 영사 합의문 내용 그대로의 미(재)혼공증서가 아닌 비슷한 글자의 미(재)혼성명서란 중국 영사가 한 공증문서가 들어오니 도무지 이게 뭔가 하고 아랫것들이 질문해 오니 윗분들은 골머리 아팠나 봅니다. 그래서 중국 외교부에 공문을 보내 유효한지 아닌지 질의했답니다.
 대한민국 외교관과 중국 외교관이 합의한 외교문서의 유효성이나 유효한 범위를 대한민국 외교부에 질의응답 요청한 것이 아니고 중국 문서라고 중국 외교부에 질의응답했다는 내용입니다.

 대한민국을 멸망한 망국 취급하는 방법도 참 많은 것 같습니다. 대한민국 행정기관이 대한민국 외교부의 존재를 부정하고 중국의 외교부에 행정업무처리지침의 시달을 청구하였으니 동북공정을 최종 완성시켜주고 대한민국을 중국의 일개 지방정부로 전락시켜 버렸습니다.

 "야, 이 얼빠진 양반들아 미국 쇠고기 협상한 걸 일선기관에서 집행하면서 미국소 살코기에 뼛조각 나오는 사항에 관한 합의문에 의문이 있다고 미국 외교부에 어떻게 해야 하냐 물어봐야 되냐."

"협상한 한국 외교부에 물어봐야지."

"그래서 잘못된 점이나 해석에 문제점이 있으면 외교부에서 외교경로를 통하여 외교교섭을 통하여 정정하거나 확인하고 재협상하도록 해야지."

대한민국 호적과의 가슴에 안중근 의사의 총구가 겨누어져야 할 상황이 되었지만 오히려 한술 더 떠 '법제처 신분법령집' 에 게재하여 관심 있는 모든 사람이 잘 살펴보고 따라 하라고 합니다. 나라 망했다고 선전하는 짓을….

좋습니다. 중국 외교부에 질의응답하였으니 중국 외교부의 공문 회신 솜씨 좀 보세요.

중국인이 외국주재 중국의 대사 또는 영사로부터 공증을 받은 혼인상황성명서(婚姻狀況聲名書), 미(재)혼성명서(未(再)婚聲名書)는….

중국인의 본국 법인 중국 법에 의하여 혼인의 성립요건을 갖추었음을 증명하는 서면에 해당한다!

호적관서 관리 여러분, 대한민국 땅에 살고 계시는 여러분!

단군 할아버지, 나라 세우시고 수많은 애국충절의 영웅들이

지키고 가꾸어 온 땅에 살고 계신 여러분!

여러분 보기에는 한국인이 중국인으로 보이고 대한민국 땅이, 대한민국의 혼인에 관한 규정이 있는 대한민국의 민법이 적용되어야 할 땅이 아니고 중국의 본국 법인 중국의 혼인법이 적용되어야 할 땅으로 보이지요.

특정 문서의 사용에 대한 양국 간 합의나 사전 사용허가 없이 다른 국가의 통치권에 기한 공적 문서가 직접 사용된다는 것은 그 나라의 지배권이 직접 작용한다는 것을 의미하는 것으로 심각한 주권침해 행위가 되는 것입니다.

'한국 주재 중국 영사가 공증한' 대한민국에도 공증인 법이 있습니다. 대한민국에 주재하는 외국 대사관에서 공증한 어떤 서류도 대한민국의 공증인 법을 무시하고 사용될 수 없습니다.

대한민국에 주재하는 외국 대사관의 영사 공증인이 있는 서류는 대한민국에 사용되기 위한 것이 아니라 본국에 사용되기 위한 것입니다.

미국에 있는 한국인이 한국에 사용하기 위해 한국 대사관이나 영사관을 찾아가 공증 서류를 만들어 한국에 보내면 한국에서는 유효한 공증 문서가 되지만 미국에서는 유효한 서류가 될 수 없어요.

미국에 사용하기 위해서는 미국 공증인사무실을 찾아가 공증을 받아야지 한국 대사관이나 영사관을 찾아간다는 것 자체가 언어도단인 것입니다.

　중국 대사관의 대사, 영사가 중국 본국 법인 혼인등기조례와 중국 공증인 법 45조에 의거 공증한 공증 문서는 중국 땅에서 유효한 문서이지 한국에서 유효한 문서가 될 수가 없다는 것을 알겠지요.

　한국에서는 한국 법이
　중국에서는 중국 법이
　중국 것을 한국에 사용하려면 한국의 사전허가를
　한국 것을 중국에 사용하려면 중국의 사전허가를
　공적 서류 사용허가는 조약, 협약, 합의, 인증 등으로

　혼인상황성명서(婚姻狀況聲名書), 미(재)혼성명서(未(再)婚聲名書) 공증 서류는 글자 한 자, 점 하나가 그 의미를 전혀 상반되게 한다고 합니다.

　2005. 07 한·중인 간 결혼에 관한 영사 합의문에서 미(재)혼 공증서라고 하였습니다.

　그럼 정확하게 미(재)혼공증서라고 해야 하지 뜬금없이 혼인상황성명서(婚姻狀況聲名書), 미(재)혼성명서(未(再)婚聲名書)가 뭡니까.

　声明 [shéng míng] [동] (일정한 사항에 관한 생각 또는 의견,

태도 등을) 공개적으로 발표하다. 성명(聲明)하다.

　영사 앞에 가서 "내가 아직 결혼 안 했소! 혼자요." 그러면 "그래 정말이지." 하고 영사님이 그 말을 공증해 주는 것이요.

　그런 싱거운 일이라 하시겠지만 중국 공중인 법에 따라 그 공증인 법이 작동하는 중국에서는 그 말이 사실과 다르면 그 서류를 보고 법적인 행동을 한 사람에 대하여 중국 공증 법을 위반한 것이므로 중국에서 법적인 책임을 져야 된다는 말씀입니다.

　그럼 그런 공증 문서를 받아든 사람이 할 일은 공증 문서가 사실과 맞는지 반드시 확인해야 하겠지요.
　공증 문서는 공적 서류이고 모든 문서의 祖宗이요 종결 판으로 알고 있는 사람이 있습니다. 그런 사람 꽤 있습니다.

　중국 외교부 공무원의 공문작성 능력은 참으로 대단합니다. 그에 반하여 한국 관리는 애처로울 따름입니다.
　이렇듯 머리가 석화된 듯 넋 나간 짓을 한 결과로 중국 외교부 회신공문이 요지부동의 정답으로 되었으니 그 뒤는 상상이 가겠지요.
　대한민국 호적은 허위·위조 서류 하치장이 되어버렸습니다.

중국 외교부 인증인 하나

중국 외교부에서 공증서를 인증한다고 해서 그 공증서의 내용이 오류 없는 정확성을 가진다고 생각하면 절대 안 됩니다. 중국 외교부에서 인증한 내용을 한 번 보십시오.

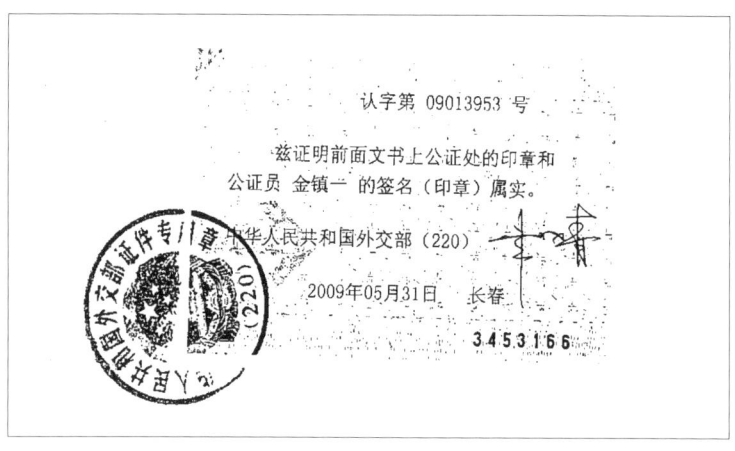

"앞면 문서상 공증처의 인장과 공증원 ○○○의 사인은 사실과 부합함을 증명합니다!"

어쨌든 중국 외교부는 미(재)혼공증서이든 무슨 공증서이든 그 내용에 대해 전혀 책임이 없다는 것을 명백히 한 것입니다.

중국 외교부가 인증한 공적 문서가 잘못되었으면 그 문서를 인증한 중국 정부가 책임져야 하고 그 공적 문서를 발행한 기관이 책임을 져야 마땅하지만 사문서를 인증하였으니 사문서를 발행한 공증인만 책임을 지도록 하면 되는 것입니다.

이런 공증문을 받은 사람이 그 공증문의 내용을 검토하여 사실과 맞는지 어떤지 확인할 책임까지 있게 됩니다.

그런데 이게 더 이상 확인할 필요 없는 공적 문서로 받아들여져 버렸으니 위조·허위 서류가 활개를 칠 토양이 잘 마련된 것이지요.

가도 가도 왕십리

　외교부와 호적관서가 중국 결혼 절차와 문서에 대해 사대의 예를 다함에 따라 대세의 흐름은 이것이란 것을 재빨리 그리고 깊이 깨닫고 이를 본받아, 아니 이를 압도적으로 능가하는 극 사대의 예를 취하기로 한 곳이 있습니다.

　외교부는 한 차례 영사 합의문을 작성한 것으로 업을 다하였습니다. 호적관서는 형식적인 혼인신고 접수를 받아주는 일을 하는 곳입니다. 그렇지만 이곳은 외국인이 한국 땅에서 얼마 동안 있으라고 허가받은 날짜보다 하루라도 꾸무적거리며 어슬렁거리면 저승사자 덤벼들 듯 달려들어 이 땅에서 몰아낼 수 있고, 갑 학원에서 영어 가르치라고 했는데 을 학원이 워낙 바빠 아주 착한 마음으로 찰나 지간에 돈 몇 푼 받고 도와주어도 득달같이 덤벼들어 일자리 잘라 숨통 막히도록 할 수 있는 곳이 있습니다.

하물며 서류가 허위·위조라고 하면 어떻게 하겠습니까. 그냥 단방에 물고를 낼 수도 있는 힘이 있는 곳입니다.

한국에 오고 싶어 하는 사람에게 오라고 할 수도 있고 오지 말라고 할 수도 있는 힘 있는 곳입니다. 또한 그곳은 중국인 결혼에 관한 중국 서류에 관해서는 삼전도에서 이종이 엔두리게 한 愛新覺羅 황태극에게 바친 三拜九叩頭의 예로 받들어 챙기는 곳이기도 합니다. 그것도 아주 당연한 듯이….

한·중 결혼에 관한 외교부 합의문에 따르면 대한민국 호적 관서에 먼저 혼인 신고한 한·중 국제결혼 부부는 중국에서

① (한국에서) 혼인 사실 등재된 혼인관계증명서 발급
② 혼인관계증명서를 한국 법률사무소에서 공증(중문 번역)
③ 한국 외교통상부(재외동포영사국 민원실 : 02-2100-7500)에서 인증
④ 인증받은 문서를 주한 중국 대사관에서(02-756-7300)에서 영사 확인
⑤ 확인 완료된 문서를 소지하고 중국인 호구지 민정국에 혼인 사실 등재

이렇게 서류들을 준비하여 중국으로 건너가 중국 혼인 법에

따라 결혼등록 절차를 거치도록 딱 정해 놓았습니다.

(3) 형식적 성립요건

혼인은 등기하여야 그 효력이 발생한다. 결혼하고자 하는 남녀 쌍방은 혼인등기기관에 출석한 다음 혼인등기를 하여, '결혼증'을 발급받아야 혼인의 효력이 발생하는 엄격한 본인 출석주의 및 등록 혼주의가 채택되고 있다. (혼인 법 제8조, 혼인등기조례 제8조 내지 제13조)

중국 혼인 법에 따라 혼인 등기하는 과정을 한 번 보겠습니다.

▲ 남녀 쌍방이 출석하여 혼인 등기 신청하는 장면

민정국에서 직접 사진촬영(결혼증에 부착하는 결혼사진은 민정국에서 민정국 직원에 의해 직접 촬영되므로 반드시 부부 동반하지 않으면 안 됩니다.)

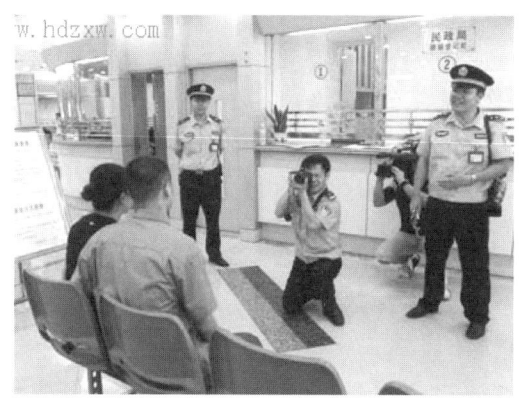

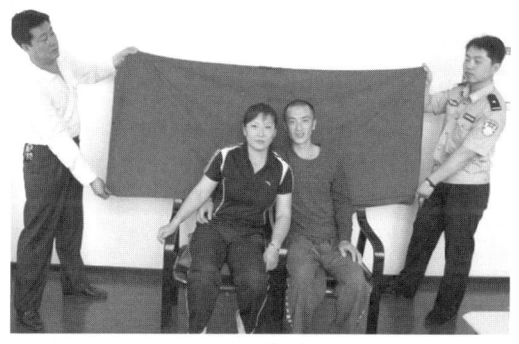

역시 중국은 확실합니다. 한국에서는 짝사랑하는 여자를 일방적으로 혼인신고하여 혼인무효 재판해야 한다는 등 하는 이야기가 더러 있지만 중국처럼 두 사람이 반드시 출석하여 혼인신고하게 하고 호적관서에서 직접 사진 찍어 확인해 두면 이런 말썽은 방지될 것인데요.

▲ 결혼증 수령 (부부 각각 1부씩 2부 발부됨)

결혼증이 발부되면 결혼증과 거민증, 호구부를 지참하고 주소지 관할 파출소를 방문하여 호구부의 혼인상황변경 등재를 합니다.

조선족 자치구 호구부라 한글 표기도 되어 있습니다.

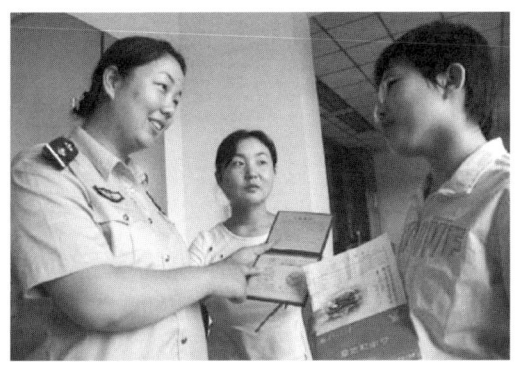

이런 절차를 모두 거친 뒤 아래 절차를 이행한 결혼공증서를 제출해야 하는데 이 절차를 생략해 준 것입니다.

① 중국인 호구부 관할지역에서 결혼공증서 발급
② 결혼공증서 호구지 공증처에서 공증
③ 공증된 문서를 중국 외교부 또는 각 성, 자치구 및
   직할시 외사판공실에서 인증

정말 몰라서 생략할 리는 없고 외교부가 저지른 합의문의 거룩한 대국 봉공의 정신을 살려 호적관서가 받아준 신령한 간자체 부적의 혼인신고 구비 서류들이 제대로 된 것이라고 추인해야 허위·위조 서류가 제대로 한국에 통하게 된다고 모르는 채 알아서 생략해 준 것이 틀림없습니다.

중국인의 허위·위조 서류로 혼인신고하는 것은 이 정도만으로 부족하다고 판단하여 아주 과감하게 허위·위조 서류로 하지 않으면 한·중 결혼이 불가능하도록 제도적으로 보장해야 된다고 판단했습니다.

뭐고 하면 한국에 오고 싶으면 오고 싶어 하는 사람이 있는 곳의 대한민국 대사관을 찾아가 비자 신청해서 한국 비자를 받으면 됩니다.

그런데 관광비자 같이 단순한 것은 대한민국 대사관이나 영사관에서 비자를 내주면 되는데 한국에 가서 학원이나 학교 같은 데서 일을 하겠다든가. 가서 사업을 하겠다든가, 어쨌든 이런저런 이유로 외국인을 초청하고 싶어 하는 한국 사람이 엄청 많이 있습니다.

한국 사람하고 얽혀 오랫동안 한국에 있겠다고 하는 이런 사람이 있으면 한국에서 그게 사실인가 확인해 볼 필요가 있지요.

그럴 경우 외국인을 초청하는 사람이 비자연장 창구에 비자 예비심사 같은 것을 신청합니다.

그것이 사증발급인정신청이라는 것이고 비자를 줘도 괜찮다고 판단하면 사증발급인정서라는 것을 발급해 주지요.

외국인을 초청하는 사람이 사증발급인정서를 신청해서 받아

가지고 한국에 오고 싶어 하는 외국 사람에게 항공우편으로 보내면 그것을 가지고 한국 대사관이나 영사관 찾아가 비자 받도록 하는 제도가 있습니다.

중국인과 결혼하는 한국인이 한국에서 먼저 혼인신고를 할 수 있도록 한 것은 한국에 입국해 불법으로 살고 있는 사람이 대상이었지요.

한국에서도 외국인의 본국 법에 따라 혼인했는지 확인하게 되어 있으므로, 중국 혼인 법대로라면 한국 사람이 중국에 가서 중국 혼인 법에 따라 결혼해 오는 절차를 따르는 것이 중국에 있는 사람을 위해서 합리적인데 판은 이왕 개판.

중국에서 미(재)혼공증서 같은 혼인 구비 서류를 우편으로 보내옵니다. 그러면 호적관서에서는 중국식으로 부부 쌍방이 나와 호적에 올리는 것도 아니고 하니 그냥 호적에 올려줍니다.

그리고 중국 혼인 법에 따른 절차를 생략한 채 한국 가족관계부에 혼인되었음, 이란 것 하나만 보고 사증발급인정서를 재빨리 만들어 주기 시작합니다.

불가능을 가능으로… 대단합니다.

서류 위조하지 않으면 불가능한
중국인 결혼사증발급인정신청

　중국에 한 번도 간 적이 없는 사람이, 평생 한 번도 만난 적도 들은 적도 없는 중국 사람하고 한국에서 혼인신고를 할 수 있다는 것이 얼마나 황당무계한 일입니까.

　그렇지만 국제결혼에 관해서는 대한민국은 워낙 기상천외하고 황당무계한 일이 보편적인 것이 되고 정상적인 혼인이 거의 보기 드물어 그런지 중국 혼인 법에 따른 절차를 따른 후 한국에 와야만 완결될 수 있는 중국 국제결혼 구비 서류가 아주 쉽게 척척 준비됩니다.

　한국 사람이 중국에 가야만 이루어지는 중국 혼인 법에 따른 절차를 생략하고 무소불능의 절대 권한을 휘둘러 시원시원하게 결혼 초청을 해 준다는 것입니다.

■ 아래 4가지 사유 중 1가지에 해당하는 경우에 접수
- 국내체류 중 혼인이 성립한 자
- 배우자간 연령차가 10년 이상인 자
- 혼인 당사자 중 어느 일방이라도 이혼일로부터 <u>1년</u>이 경과하지 않은 재혼자
  └ 이혼일 ~ 새로운 혼인신고일
- 국민 배우자가 출국하지 않은 상태에서 <u>서류 상으로 혼인한 자</u>
  한국 또는 외국에서 한 번도 만난 적이 없이 서류만 오간 경우임 ┘

제 출 서 류	
초청인 측 준비서류	피초청인 측 준비서류
• 사증발급인정신청서(별지 제21호 서식) - 피초청인의 반명함판 칼라사진 1장 부착 • 초청사유서 - 결혼 및 교제경위 등을 구체적 기재 • 소개 경위서 - 소개인이 있을 경우 소개인이 자필 작성 • 가족관계증명서, 혼인관계증명서 - 중국인 배우자와 혼인 사실이 기재된 것 • 주민등록 등본 • 주민등록증 사본 • 경제 능력 입증서류 - 재직증명서 - 전·월세 계약서 사본, 통장잔고증명 등 • 국제전화 통화내역서 - 한국인 본인 또는 직계가족 명의 • 신원보증서 • 함께 찍은 사진	• 여권 사본 • 거민증 원본, 사본 • 호구부 원본, 사본 - 한국인과 혼인한 사실이 기재된 것 • 미재혼공증서 또는 결혼공증서 사본 • 결혼증 - 중국에서 먼저 혼인 등기한 경우 • 전배우자 관련 증명 서류 ※ 이혼한 경우 - 이혼증 원본, 사본 - 이혼판결문 또는 이혼판결민사조해서 ※ 사망한 경우 - 전배우자 사망증명서 원본, 사본 • 기타 증빙 서류

국민 배우자가 출국하지 않은 상태에서 <u>서류 상으로 혼인한 자</u>
  한국 또는 외국에서 한 번도 만난 적이 없이 서류만 오간 경우임 ┘

사진 보고 한눈에 반해 결혼한다는 하와이 사탕수수밭 한국인 노동자들의 100년 전 결혼방식이 21세기 신세계에 되살아나 아무런 거리낌 없이 통용되는 것을 볼 수 있습니다.

티라노사우르스가 중국 결혼 초청 안내를 해 준다고 해도 전혀 이상하지 않을 만큼 자연스럽게 위조·허위 서류로 만든 한국 호적하나 보고 결혼 초청 비자를 해 주는 것입니다.

한국 사람 서류는 산더미 같이 준비하라고 불호령하지만 외국 공적 문서는 한 장 제출하라는 것도 힘겨워 할딱거리는 것 같습니다.

사증발급인정신청하는데 필요한 서류들 죽 나열해 놓았습니다. 한국 사람이 준비해야 할 것은 볼 필요도 없구요. 중국 사람이 준비해야 할 서류들을 한 번 봅시다.

- 호구부 원본, 사본
  - 한국인과 혼인한 사실이 기재된 것
- 미재혼공증서 또는 결혼공증서 사본
- 결혼증
  - 중국에서 먼저 혼인 등기한 경우

중국 혼인 법대로 중국에서 결혼을 하지 않았으면 준비할 수 없는 서류들을 이렇게 가져오라고 합니다. 법의 이름으로 가져오라고 합니다.

외국의 공적 문서가 어떻게 해서 한국에 와야 제대로 대접받는 유효하고 합법적인 서류가 되는지도 전혀 모르나 봐요.

외국의 공적 서류가 대한민국에 직접 사용되면 대한민국 주권손상 행위가 된다는 점은 잘 알고 있지 않나요.

그렇지만 어차피 외교부가 엉터리 결혼절차에 관한 합의문을 만들고 호적관서에서 벌써 대한민국을 중국의 지방정부 수준으로 격하시켜 놓은 상태인데 여기라고 별수 있습니까.

중국의 신분증인 호구부가 중국보다 더 대접받으며 합법적으로 유통되는 여기는 중국의 땅입니다.

대한 독립을 꿈꾸기 전 결혼 초청 서류가 중국 법은 제대로 지키고 있는 건지 한 번 봅시다.

중국 관리의 눈으로 중국 법을 적용해 봐도 결혼 초청 서류가 '중화인민공화국 혼인등기법'을 어기고 있는 엉망진창 상태입니다.

- 국내체류 중 혼인이 성립한 자
- 배우자간 연령차가 10년 이상인 자
- 혼인 당사자 중 어느 일방이라도 이혼일로부터 <u>1년이</u> 경과하지 않은
     재혼자   이혼일 ~ 새로운 혼인신고일 ⌐
- 국민 배우자가 출국하지 않은 상태에서 <u>서류 상으로 혼인한 자</u>
     한국 또는 외국에서 한 번도 만난 적이 없이 서류만 오간 경우임 ⌐

이상 4가지 경우는 각각의 경우에 따라 중국 결혼 구비 서류가 다를 텐데도 한 가지 경우로 묶어 준비 구비 서류라고 합니다.

이래도 가짜, 저래도 가짜.

이렇게 구비 서류 준비 목록을 엮어놓아야 가짜 서류 준비하는 분들이 더 헷갈려 가짜 서류 준비하기 어려울 것으로 판단한 것입니다.

결과는 가짜 서류 준비하시는 분은 흔들림 없이 잘 대처하였지만 준비해 오라고 하시는 분은 자욱한 오리무중 속에 일을 하고 있는 것입니다.

각각의 경우에 따라 길게 설명하면 따분하기만 할 것 같아 적당히 하겠습니다.

- '미재혼공증서' 하고 '호구부 원본, 사본' - 한국인과 혼인한 사실이 기재된 것, 을 함께 가져오는 것은 전혀 불가능한데 도대체 어떻게 함께 제출하라고 하지요.

- '호구부 원본, 사본' - 한국인과 혼인한 사실이 기재된 것. '결혼증과 결혼공증서 사본'은 반드시 함께 가져와서 제출해야 하는데 도대체 어떻게 혼인 사실이 기재된 호구부와 결혼증 및 결혼공증서는 함께 제출하는 경우가 전혀 없습니까.

중화인민공화국 호구등기조례

1조, 중화인민공화국의 사회질서 유지, 공민의 권리와 이익 보호, 사회주의 건설을 위하여 본 조례를 제정한다.

한국 관리들이 제출하라는 내용을 중국 관리가 대충 살펴보더라도 호구부 사용에 있어서는 '중화인민공화국 호구등기조례'에 의해 중국 공민에게만 발급하도록 한 뜻과 정신을 어지럽게 하는 불법이지만 한국은 중국 변방의 무지랭이 오랑캐들이니 이해합시다.

위대한 중국 법을 따르겠다고 하니 말릴 수가 있나요, 천하의 중심인 중화인민공화국의 문서를 거룩하게 취급하고 애지중하여 중국의 관리들에게 호구저부나 상주인구등기표 같은 공적 서류를 발급해 달라고 조르지도 않습니다.

또 공적 서류의 국제사용에 관한 국가 간 인증절차에 따른 공적 서류를 요구하기가 두려워 벌벌 떨며 중화인민공화국에서도 사용하지 않는 호구부 사본을 국가 간 공적 서류 통용절차에 따른 문서 이상으로 인정하는 정신이 크게 기특하고 갸륵하니 그저 너그러운 마음으로 봐줍시다.

호적관서 관리들이 호적에 올려준 것이 화근의 뿌리인 것 같습니다. 한 번 호적에 올라가면 둘러 뺄 수 없이 알박기 된 것으로 인정하는 대한민국 관리의 호적 신성관과 백성의 뜻이 외국인의 무조건 초청이므로 백성의 명에 따라 초청해 주어야 한다는 멸사봉공의 깊은 사명감을 발휘하는 탓인가 합니다.

그래서 백성이 원하는데 중화의 간자체로 된 서류가 위조면 어떻고 허위면 어떠냐 하는 마음가짐으로 일을 해치워야 속이 시원한 곳이지요.

어차피 불가능한 것을 가능한 것으로 인정했으니 이런들 어떠리 저런들 어떠리, 우리 모두 함께 얽혀 천년만년 살고 지고 천년만년 살고 지고, 이런 마음가짐으로 정성을 다해 허위·위조 서류를 신주처럼 모시고 있습니다.

가짜 한국 사람 된 진짜 중국인들에게 한국 국적 무효처리하면 어찌되나

2005. 07 이후 한국 사람하고 결혼한 중국인 중 한국 국적 얻은 사람은 7만 명은 넘고 10만 명은 안 되는 수준인 걸로 알고 있습니다. 한국 사람하고 결혼했다고 친척 초청으로 들어온 사람까지 합치면 30만 명은 충분히 넘을 것입니다.

한국 사람과 결혼한 것이 서류는 진짜지만 진짜 결혼할 생각 없이 결혼했다고 법원에서 판결 받아 교도소 갔다 오고 한국 국적이 말소된 중국 사람이 지금까지 150명 정도 될 겁니다.

그 사람들은 한국 국적은 말소되었지 중국 국적도 없어졌지 해서 어쩔 수가 없이 무국적자가 된 것입니다.

위장결혼한 사람들은 한·중 국제결혼 절차를 법대로, 순서

> 위 사람은 출입국관리법위반 사건의 (용의자, 피해자, 목격자, 또는 참고인)(으)로서 다음과 같이 자필 진술서를 작성 제출함.
> The above mentioned person write and submit at will the following statement in his(her) own handwriting as a (suspect, victim, witness, or reference) in connection with case of the violation of the immigration law.
>
> 저의 실제 이름은 김○○ 생년월일은 1960. 3.18일 생 임에도 불구하고 저의 본이름 김○ 그대로 두고 생년월일을 1968. 3.18일로 고친 위조거민신분증과 호구부를 브로커(이름모름)에게 중국돈 8만원을 주기로하고 허위로 만들어 위조된 (68.3.18일생) 명으로 한국인 ○○과 결혼하여 1996. 1.8일 한국에 입국하였습니다. 친오빠 김○와 올케 박○을 초청하기위해 오빠 부부을 부모로한 호구부를 만들었습니다. 저의 진짜 호구와 거민증을 제출하고 깊이 반성합니다. 용서해주세요.
>
> 2008. 6. 4.
> 진술인 김○○ (인)

대로 한 것처럼 보이나 사실 가짜 서류가 대부분이었지요.

 무국적자가 되니 한국에서 강제로 출국할 나라가 없어져 버린 것 아닙니까. 그렇지만 이런 사람도 중국에 꼭 돌아가야 할 일이 생기면 중국 대사관에 가서 여권 만들어 중국으로 돌아갑니다.
 그럼 허위·위조 서류로 한국 사람하고 결혼해서 한국 국적 딴 사람들은 한국 사람일까요, 중국 사람일까요.
 한국 국적은 가짜 서류로 딴 것이니 가짜 한국 사람이고 중국 서류가 고스란히 살아 있는 진짜 중국 국적자입니다.

언제든지 진짜 서류를 준비해서 본국으로 돌아가면 진짜 중국인으로 살 수 있는 가짜 한국 사람들입니다.

대한민국의 어떤 국가기관에서도 허위·위조 서류가 걸러지지 않고 나라의 문서고는 허위·위조 서류로 이루어진 거대한 지구라트로 웅장하게 탑을 이루고 있는 것입니다.
대한민국이 흰개미 집 위에 하늘 높이 세워진 장려한 목조탑 같은 느낌이 들기 시작합니다.

외교부는 빛나고 생색낼 일 없는 보잘것없는 일을 처리하는 함에 있어서는 완전무결하게 석화되었고 호적관서는 외국인이 가져오는 문서 앞에서는 눈뜬 봉사처럼 기능합니다.
한국인에게는 주민증 사본으로 만사형통이란 소리는 하지 아니하고 가지가지 한국의 공적 서류를 요구합니다.

하지만 가짜 달걀도 진짜처럼 만들어 내는 나라의 외국인이 제출해야 하는 문서에 있어서는 제출용 문서와 소지용 신분증을 구별도 하지 않고 너무나 당연한 듯 조금의 부끄러움도 가지지 않고 소지용 신분증 복사본만을 제출용 공적 서류처럼 제출하게 합니다.

거민신분증에 관한 외국의 법령이 직접 적용은 본국일지라도 허용될 수 없는 일이 대한민국 땅에서 대한민국의 정당한 사용허가를 받은 외국의 공적 문서처럼 귀중하게 취급됩니다.

수사기관은 외국의 허위·위조 서류가 하늘로 치솟는 탑처럼 높이 쌓여가며 국가의 문서고를 가득 채워 가지만 그것을 알아채지도 못하고 있습니다.

이런 외국 문서 취급 능력이 론스타 사건같이 국가에 막대한 손해를 끼치는 일로 나타난다고 생각해 보십시오.

무섭고 끔찍합니다.

미지근한 물에 넣어 둔 물고기는 물이 서서히 뜨거워져도 느끼지 못한다는 말에 모골이 송연해집니다. 어항에 든 물고기가 이 나라 관리님들이 아닌가 하고….

한국 호적은 누더기

  한국 전쟁 때 조선 의용군으로 10만 명의 만주에 살고 있는 조선 젊은이가 참전하여 5만 명이나 전사하였다고 합니다.
  이것을 보면 만주에 살고 있는 200만 조선족 동포들이 가가호호 모두가 조국이란 이름 하나에 목숨을 걸고 항일할 정신을 가진 애국지사의 후손이란 걸 절실하게 느끼게 됩니다.

  200만 인구에서 10만 명의 조선의용군 자원 입대자가 나올 수 있다는 것은 만주에 자리 잡은 조선족 모두가 조선이란 조국에 대한 목숨을 건 사랑과 열정이 가슴에 활활 타오르지 않으면 불가능한 일 아니겠어요.
  한국인들 대부분이 일제강점기 한국 땅에서 일제의 통치하에 일제 통치를 요람으로 느끼고 인구를 2배로 늘리며 살아온 푼수들입니다.

　이런 입장이지만 무지랭이 무식꾼이라 일제가 주는 자리 하나 페차지 못한 조상님들을 둔 사람들이 일제강점기 제법 괜찮은 자리에 있었던 자들을 친일한 자로 가름하여 삿대질하며 일제 때 하지 못한 애국을 지금 하는 것처럼 하는 형편이지요.
　조국을 향한 열혈 충정으로 피를 뿌릴 수 있는 강고한 정신을 가지시고 일제의 창씨개명에 응한 적이 전혀 없는 분들을 조상으로 둔 후손분들을 이 땅에서 일본 순사의 눈치를 보고 비루하게 살아가며 일제 통치에 순치되어 가던 조상을 둔 후손들이 법률과 제도로 제한을 가하고 이리 가라 저리 가라 틀을 정하여 호령하는 등 함부로 탓하고 무지막지하게 막 대할 수야 있겠습니까.

　아무리 그래도 그렇지 대한민국도 법률 질서가 바로 잡힌 당당한 독립국가이고 사회규범이 바로 선 나라로서 호적이란 신분증명제도가 있는 나라인데 중국 쓰레기 허위·위조 서류로 대한민국 국민의 기본 신분증명문건인 가족관계부를 쓰레기더미처럼 엉망진창으로 만드는 일을 용납할 수는 없습니다.
　처음부터 눈먼 대한민국 관리들이 허위·위조 서류를 묵인하고 방조하므로 이루어진 일이고 한국인의 협조 없이 불가능한 일이었다고 하겠지만 가족관계부의 정확함에 대한 신뢰는 무너져버렸습니다.

 딸들이 한국으로 결혼해 오면 부모의 이름이 모두 틀리고 한국에 와서 머물다 중국에 다시 돌아갔다 온 부모의 이름은 다시 바뀌어 옵니다.
 한 부모의 이름이 결혼한 첫째 딸 가족관계부와 틀리고 둘째 딸 가족관계부와 틀리고 셋째 딸 가족관계부와도 틀리고 한국에 남아 있는 제적등본의 이름과 틀리고 제적등본과 비슷하게 맞추어 온 이름과 틀립니다.

 여러 딸이 결혼할 때마다 부모 팔고 또 팔고 그래도 모자라 친척 사고 족보 사서 한국에 들어오니 대한민국 가족관계부는 중국 호구부보다 더 너덜너덜해집니다.
 가족의 신분증명을 하는 기본문서인 대한민국 가족관계부로는 대한민국의 국적을 딴 부모 자식의 관계를 구별할 수는 없고 형편에 맞추어 중국 가짜 서류를 가져와야 겨우 부모 자식을 구별하는 척이라도 할 수 있는 형편이 되었습니다.

 이렇듯 대한민국 가족관계부가 중국 위조·허위 서류의 하치장이 되었으니 엉터리 가족관계부를 근거로 중국에 있는 가짜 친척들의 초청이 기승을 부리고 진짜 친척의 초청은 가짜 서류를 만들어야 가능해지는 가짜가 가짜를 부르는 악순환이 계속되겠지요.

또 지금은 모두 가진 것 없어 하루 벌어 하루 먹고 살기 급급하여 신분증명을 따지는 가족관계부가 허섭스레기같이 보이겠지만 세월이 흘러 재산이라도 좀 모이고 살만해져 상속재산 가를 일이 생기면 한국 가족관계부는 무용지물이고 중국 가짜 신분증명서로 재판을 한다고 난리를 치겠지요.

국가의 국민임을 가름하는 기본 문건이요 국민 간 가족 신분을 맺고 증명하며 가름하는 중요한 문건인 가족관계부가 엉터리 중국 서류와 엉키고 설켜 가족관계부가 중국 가짜 서류보다 못한 취급을 당할 판국에 처해 있지만 가족관계부를 생산하고 유지 보존하는 국가기관에서는 유유자적 먼 산 달 쳐다보듯 하는 것 같습니다.

고르디우스의 매듭을 단칼에 자른 청년 알렉산드로스처럼 호적관서에 제출된 결혼 관련 서류들을 모두 재검토하여 위조·허위 서류로 결혼 등록된 모든 결혼을 원인무효 조치하고 한국 국적을 얻은 자들은 모두 한국 국적을 박탈한 후 정상적이고 합당한 서류들을 재제출하게 하여 정리하도록 하여야 합니다.

국가의 기본 문서는 국가의 기초이며 국가의 기본 문서가 바로 서야 국가의 근본과 기본이 바로 선다고 할 수 있습니다.

  원칙과 기본이 바른 나라. 국가의 가장 기본 문서인 가족관계부 하나 제대로 정리 못하는 나라가 꿈꿀 수 있는 나라가 아닙니다.

외국인 배우자의 재판 이혼 소장 하나

　이제 위조 서류로 결혼을 하고 한국 국적을 따거나 따려고 하니 정말 바빠진 곳이 생겼습니다.
　법원이지요. 실업자도 많고 고급 일자리 부족에 허덕이는 것을 알아차리고 최고급 업종의 일자리를 늘리자는 배려가 있어 그런지 허위 서류로 이루어진 국제결혼을 진본 서류로 이루어진 것처럼 극진히 대접하여 재판을 합니다.

　법원마다 중국 이혼 서류가 태산을 이루고 그 모든 내용은 한국인 배우자는 한결같이 알코올 중독자, 도박꾼, 폭력 남편, 불륜 남녀, 여자의 돈을 갈취하는 강도이므로 결혼생활을 할 수 없다.

즉 피고는 한국인과 결혼한 외국여성의 경우 국내에 거주하여 혼인관계를 3년 이상 지속하여야만 국적을 취득할 수 있다는 사실을 악용하여, 원고에게 피고의 말 대로 순순히 따르지 않으면 언제든지 널 중국으로 추방할 수 있다며 협박하였고, 위 사실을 악용하여 원고에게 돈을 벌어오라고 시키고, 자신의 기분에 따라 폭행을 자행하였으며, 원고의 수입을 모두 빼앗아 자신의 유흥비로 탕진하였습니다.

나아가 피고는 원고가 피고의 폭행을 피해 잠시 친구 집이나 성당 등에 피해있기라도 하면 출입국 사무소에 가출신고를 하여 다시 원고의 행방을 찾아 데리고 와서 또다시 폭행을 자행하고 돈을 벌어오라고 시키는 집요함마저 보였습니다.

마. 결국 피고는 처음부터 경제적 빈곤으로 인하여 한국남성과 결혼한 원고의 약점을 이용하여 원고와 혼인한 후 부당하게 노동을 시키고 그 대가로 받은 수입을 갈취하는 등 혼인생활이 아닌 주인과 노예 사이의 주종관계로서 약자인 원고를 이용하였던 것입니다.

바. 가족관계회복을 위한 원고의 노력

위와 같이 원고는 피고로부터 심히 부당한 대우를 받았음에도 불구하고, 가족관계회복을 위하여 피고가 시키는 대로 식당일·건물 청소 등 일을 하여 돈을 벌어 위 금원을 모두 피고에게 지급하였습니다. 그러나 피고는 원고로부터 돈을 받으면 집을 나가 며칠씩 친구들과

변호사　　　　　　　　법률사무소
서울특별시 강북구
TEL :
　　E-mail :　　　hanmail.net

그리고 외국인 배우자는 성실하게 정성을 다하여 결혼생활을 끝까지 유지하려고 온갖 노력과 힘을 다한 분들 뿐입니다.

국제 사기 결혼 피해자인 한국인 배우자는 쓰레기 같은 인간 말종들인 것으로 법원 판결문에 의해 확정됩니다!

처음은 미약하나 끝은 창대하리라.

헌법재판소 판관님이 가볍게 위헌 판결하였지만 그 마무리는 가정법원에 이혼 재판으로 산더미처럼 쌓이니 이 말씀은 참으로 진리의 말씀인가 합니다.

위조 서류를 가져다 주면 혼인신고 째각 되는 호적관서. 위조 서류로 이루어진 결혼하여 한국 국적을 딴 뒤 이혼신청하면 기초가 위조·허위 서류로 이루어졌음은 깨알 만큼도 생각하지 않고 조선의 것들은 쓰레기들이 확실합니다. 하고 째각 확정 판결해 주는 법원.

대한민국의 국가기관은 모두 위조·허위 서류 집어넣으면 이것은 깨끗한 정본입니다. 하고 확정해 주는 성능 좋은 세탁기이며 자판기입니다.

썩거나 굽은 것을 찾아내고 도려내는 수사기관은 자판기에서 나온 깨끗한 정본만 볼 줄 알지 자판기에 투입되는 위조·허위 서류는 볼 수 없는가 봅니다.

방글라데시 Nikhanama (성혼선언문)

위조·허위 서류로 이루어진 국제결혼 이야기만 계속하였습니다. 진본 서류라고 판단되는 서류를 찾아보기 너무 어려운 가운데 비록 한국 대사관의 인증인과 방글라데시 외교부의 인증인이 없어 한국에서 유효하게 사용할 수 있다고 할 수는 없겠지만 그래도 한국 호적관서에서는 완전무결한 결혼 서류로 대접받은 진본 또는 진본과 유사하다고 생각되는 서류가 있어 눈요기 삼아 한 번 올려 봅니다.

방글라데시는 300만 명의 희생자를 내며 파키스탄으로부터 1971년 독립하였지만 파키스탄과 같은 이슬람국가이고 1947년 이후 24년간 파키스탄과 같은 나라이었으므로 법률과 제도

Bangladesh form No. 1601　　Volume No. : 01　　　**Certified Copy**
　　　　　　　　　　　　　　Page No. :　　　　　　For bride / bridegroom
Translated true copy　　　　Date : 08.02.2005

SEAL　　　　　　　　　　　　　　　　　　　　　　SD/ S. Alam
　　　　　　　　　　　　　　　　　　　　　　　　　08.02.2005
　　　　　　　　　　　# NIKAH NAMA　　　　　　(Seal)
　　　　　　　　　　　　(MARRIAGE DEED)

FORM OF NIKAH NAMA AS PRESCRIBED UNDER SECTION 9 OF THE MUSLIM MARRIAGE, DIVORCE
(REGISTRATION) ACT, 1974 (L11 OF 1974)

1. Name of the ward, Town, Union, Tahsil, Thana and District in which the Marriage place.
   WARD NO. 04, NOAKHALI MUNICIPALITY, P.S. : SADAR, DISTRICT: NOAKHALI,
   BANGLADESH.

2. Name of the bridegroom and his father with their respective residence:
   S/O - MUKBUL AHMED, VILL.- DARBESHPUR, P.S: BEGUMGONJ, DIST- NOAKHALI,
   BANGLADESH.

3. Age/Date of the bridegroom :

4. The name of the bride and her father Name, with their respective residence:
   　　　　D/O:　　　　　　　　　　　KONKIDO YOUNG JUSHI HAJANGDONG
   THAPTONG CHAMAUL JUTHEK,　　　　SOUTH KOREA.

5. Whether the bride is a maiden, a widow or a divorce: MAIDEN.

6. Age of the bride: -

7. Name of the attorney, if any, appointed by the bride, his father's name and his residence:
   　　　　　　　　　　　UDDIN, S/O:　　　　　　　　　　　　　　VILLAGE-
   LAKSHMINARAYANPUR, P.S. : SADAR, DISTRICT: NOAKHALI, BANGLADESH.

8. The name of the witnesses to the appointment of the bride's attorney with their father's name,
   their residence and their relationship with the bride.
   (I) MAJBAH UDDIN, S/O: NIZAM UDDIN,
   P.S. : BEGUMGONJ, DISTRICT: NOAKHALI, BANGLADESH.
   (II) GOLAM MOSTOFA, S/O: HASMAT ULLAH, VILLAGE- LAKSHMINARAYANPUR,
   P.S: SADAR, DIST- NOAKHALI, BANGLADESH.

9. Name of the attorney, if any, appointed by the bridegroom his father's name and his residence:
   Nill.

10. The name of the witnesses to the appointment of the bridegroom's attorney with their father's
    name and their residences: Nill.

11. Name of the witnesses to the marriage their father's name and their residence:
    (I) MUKBUL AHMED, S/O: FARID UDDIN, VILLAGE- DARBESHPUR, P.S:
    BEGUMGONJ, DIST- NOAKHALI, BANGLADESH.
    (II) TANBIR MUSTAKIM, ' S/O: ANWER ULLAH, VILLAGE- LALSHMINARAYANPUR,
    P.S: SADAR, DIST- NOAKHALI, BANGLADESH.

12. Date on which the marriage was contracted/ Marriage date:

13. Amount of dower: 2,00,000/- (TWO LUC) ONLY.

14. How much of the dower is mu'ajjal Half (prompt) and how much m

.... variation agreed to between the parties: NO

17. Special conditions, if any: NO
18. Whether the husband has delegated the power of divorce to the wife, if so, under what conditions: YES WHETHER RROMPT IS NOT PAID AND MAINTENANCE IS NOT GIVEN FOR SIX MONTHS, WHETER I BECOME IMPOTENCE AND INSANE AND MISSING AND DISABLED AND IMPRISONED AND WHETHER THESE IS MISUNDERSTANDING BETWEEN OURSELVES AND THEN THE BRIDE BE EMPOWERED TO GIVE TALAK HERSELF.
19. Whether the husband's right of divorce is in any way curtailed: NO
20. Whether any document was drawer up at the time of marriage relating to dower, maintenance etc. if so, contents there of in brief: MONTHLY MAINTENANCE COST TAKA- 5000/- (FIVE THOUSAND) ONLY.
21. Whether the bridegroom has any existing wife and if so whether he has secured the permission of the Arbitration Council under the Muslim Family Laws Ordinance 1961, to contract another marriage: Nil
22. Number and date of the communication conveying to the bridegroom the permission of the Arbitration Council to contract another marriage: Nil.
23. Name of the person by whom the marriage was solemnized and of his father: KAMAL UDDIN, S/O: LATE AMINUL HOQUE, VILLAGE- LAKSHMINARAYANPUR, P.S: SADAR, DIST- NOAKHALI, BANGLADESH.
24. Date of registration of marriage: 08.02.2005 A.D
25. Registration fee: 2000/-.

S/D _____
Signature of bridegroom or his attorney

S/D BAHAR UDDIN
Signature of the witness to the appointment of bride's attorney

S/D - _____
Signature of the bride.

1. _____
2. _____
Signature of the witness to the appointment of bride's attorney.

S/D _____
Signature of the bride's attorney.

Signature of the witnesses to the marriage.
1. SD/- MUKBUL AHMED
2. SD/- TANBIR MUSTAKIM

SD/ KAMAL UDDIN
Signature of the person who Solemnized the marriage

Correctly Translated from Bengali to English/Arabic and duly attested by me.

SD/ S ALAM
08/02/2005
Signature and seal of the Nikah Registrar

에 있어 상당한 유사성이 있다고 생각됩니다.

　파키스탄 결혼에 있어서도 Nika가 결혼을 주재하고 Nikhanama를 작성하여 대개 양가 아버지를 증인으로 하는 두 명의 증인과 신랑·신부가 서명을 하도록 한 후 신랑·신부가 부본을 한 부씩 가지도록 되어 있습니다.

　그리고 결혼등록소에 결혼등록은 신랑·신부가 가서 하는 게 아니고 Nika가 Nikanama 정본을 가지고 가서 결혼등록을 하게 됩니다.

　Nikha는 누구나 할 수 있는 게 아니고 기초 행정단위 당 몇 명씩 하는 식으로 허가를 받은 Nikha 자격을 가진 자가 하게 되어 있습니다. Nikhanama는 신랑·신부 및 그 아버지들의 성명, 주소, 증인과 증인의 성명, 주소, 결혼식이 거행된 곳의 명칭, 주소, 지참금의 액수, 신랑의 이혼조건, 신부의 이혼조건, 신랑의 첫 부인이 존재하는지, 존재한다면 첫 부인의 승낙을 얻었는지, 신랑의 신부에 대한 권리, 신부의 신랑에 대한 권리 등에 대한 내용과 증인, 신랑 신부의 서명, Nika의 서명 등으로 구성되어 있습니다.

　파키스탄인이나 또는 방글라데시인이 결혼등록하는데 있어 Nikhanama가 없으면 결혼등록이 불가능하다는 것이며 결혼한 사람은 반드시 Nikhanama를 소지하고 있어야 하고 결혼등록소에 결혼등록한 증명서를 발급받을 수 있어야 한다는 것을 의미합니다.

　물론 방글라데시인이라면 방글라데시어로 된 원문과 그 원문의 영어로 번역본이 있어야 하고 파키스탄인은 우루드어와 영문 번역본을 공증받아야 합니다.
　물론 원문과 번역문이 방글라데시 또는 파키스탄의 외교부에서 인증받고 한국 대사관에서 인증되어야 하겠지요.

　종교적 전통이 사회에 뿌리 깊은 미주 국가에서도 신부, 목사가 결혼을 주재하고 성혼선언문 또는 결혼증명서에 서명해 주면 그 문서를 가지고 행정관서에 가서 혼인등록을 하는 것처럼, 종교 국가이고 문맹률이 극히 높은 파키스탄이나 방글라데시에서 종교적인 권위와 사회적 인망과 교양을 가진 Nika가 성혼선언을 하고 성혼선언문 정본을 가지고 행정관서에 가서 결혼등록을 한다는 것은 행정편의를 위해서도 상당히 도움이 되겠지요.

　결혼은 으리 번쩍한 현대식 결혼식장에서 하더라도 예식장 조용한 구석에 폐백실이 있어 사모에 족두리 쓰고 밤·대추 던지며 잘 먹고 잘 살아라 하고 덕담을 하는 등 한 후에 결혼등록은 본인들이 알아서 하더라도 아무 문제 없습니다.

이런 대한민국의 사정만을 기준으로 성혼선언하는 자의 결혼증명과 행정관서의 결혼등록이란 이 단계 결혼증명 절차의 전통에 대해서는 좀 생소하게 여겨지겠지만 가족관계부와 같은 행정상 신분증명제도가 제대로 갖추어지지 않고 교육정도가 낮은 나라에서는 짜임새 있는 결혼등록 절차로 생각되어지기도 합니다.

나라마다 틀린 결혼전통과 결혼등록 절차를 이해하지 않고 단선적인 대한민국의 기준과 틀만 가지고 국제결혼에 필요한 구비서류를 이해하려고 하니 위조·허위 서류로 국제결혼 서류가 가능해집니다.

BRIDEGROOM	BRIDE
Name in full	Name in full
Father's name in full	Father's name in full
Mother's maiden name	Mother's maiden name
Permanent Address (Domicile) Mohammadput, Bangladesh	Permanent Address (Domicile) Chinjon-myon, Masan city, Kyongnam, Korea
Present Address : Wonju city, Kangwon-do, Korea	Present Address Wonju city, Kangwon-do, Korea
Occupation : Employee of Company	Occupation : Employee of Restaurant
Date and Place of Birth 5 July, 1965. Dhaka, Bangladesh	Date and Place of Birth Yangju, Kyonggi, Korea
Bridegroom's Citizenship: Bangladesh	Bride's Citizenship: Korean
Citizenship proven by: Passport No.	Citizenship proven by: Family census register
Previously married to : N/A a. Court : b. Case No. : Not applciable c. Decree Date : d. Date Divorce Final :	Previously married to : N/A a. Court : b. Case No. : Not applicable c. Decree Date : d. Date Divorce Final :
BRIDEGROOM	BRIDE
WITNESS : Present Address : Yangsung-myon, Ansung city, Kyonggi-do Date of Birth : Occupation : Commerce	WITNESS : Present Address : Yangsung-myon, Ansung-kun, Kyonggi-do Date of Birth : Occupation : Unemployed

THE MAYOR OF THE Yongsan Gu Office CITY OF _____, KOREA HEREBY ACCEPTS NOTIFICATION OF THE ABOVE MENTIONED MARRIAGE/

MAYOR OF THE

SPECIAL CITY OF SEOUL
REPUBLIC OF KOREA
EMBASSY OF BANGLADESH Major-General A.M. Mahmuduzzaman (Retd.) Ambassador
I, _____, Consul of Bangladesh at Seoul, Korea, do hereby certify that whose true signature and official seal are respectively subscribed and affixed to the foregoing certificate, was on the __30__ day of __11__ A.D 20__04__ the date hereof, the Mayor of the __Yongsan Gu Office__ by whose official acts faith and credit are due. For the contents of this document I assume no responsibility.
IN WITNESS WHEREOF I HAVE HEREUNTO SET MY HAND AND AFFIXED THE SEAL OF THE Bangladesh EMBASSY AT SEOUL, KOREA THIS __30__ DAY OF __11__ , A.D. 20__04__

CONSUL OF Bangladesh AT SEOUL, KOREA

Major ____ Lichmuduzzaman(Retd.)
Ambassador
Embassy of Bangladesh

No. Cons/04/949 Dt 01.12.04
Seen at : Embassy of the People's

방글라데시인의 한국인과 결혼에서 허위 서류

1971년 파키스탄에서 독립한 방글라데시답게 파키스탄인들이 한국인과 가짜 결혼할 때 사용하는 한국 이슬람교회 결혼증명서 양식을 토씨 하나 바꾸지 않고 그냥 복사해다가 한국인과 결혼하는 자국민을 위해 최대한의 편의를 제공합니다.

파키스탄인들은 이슬람교회에서 결혼증명서를 만들어 온 형식을 취했지만 방글라데시 대사관은 대사관에 아예 비치해 놓고 그냥 사용하는 모양입니다.

눈에 보일 듯 말 듯한 곳에
"For the contents of this, I assume no responsibility."

파키스탄 대사관과 같이 방글라데시 대사관도 자국 국민이 원하는 바에 따라 방글라데시 대사관 공증인을 날인했지만 자국의 권위와 위신에 손상을 줄 행위는 회피합니다.

한글 번역도 한 번 더….

"위 내용은 다 뻥이니 나는 책임 없다."

영어 공부하느라 학원비들인 것이 너무 아깝지 않습니까. 사기꾼 상술 약관처럼 눈에 뜨이지 않는 곳에 깨알처럼 박아놓은 것이라 제대로 못 봤다고요.

이해합니다. 충분히 이해해요. 그럼 엄청 눈에 뜨이고 좀 큰 글씨로 된 것은 한 번 읽어 보셔야지요.

```
THE MAYOR OF THE an Gu Office CITY OF_____ C_____ KOREA HEREBY ACCEPTS
NOTIFICATION OF THE ABOVE MENTIONED MARRIAGE/
                                          MAYOR OF THE
SPECIAL CITY OF SEOUL
```

힘들지만 한 번 번역해 보겠습니다.

"대한민국 용산구 시장님은 위 결혼통지서를 인정합니다."

　　　　　　　　　　　　　　　　서울특별시 시장　　　사인

이거 한국 말이 됩니까. 용산구 시장님은 서울특별시 시장을 겸직하고 있는 모양입니다. 용산구는 결혼신고서 받을 때 서울특별시 시장님의 사인 결재를 받아와야 하고 또 그래야 되는 모양이지요.

　담당자님은 한 번도 본 적이 없는 서울시장 사인이 있으니까 방글라데시인의 결혼은 서울시장님이 특별히 챙겨서 사인까지 해 준다고 판단하고 그만 까무러칠 듯 놀라서 구청장실로 모셔가 인사시키고 차대접이라도 하며 친절히 호적에 올려주신 거겠지요.
　아, 필자의 머리도 어찔어찔한 게 호적담당자 머리처럼 철도차량 검수원에게 진단받아 보아야 하겠습니다.

　영문 문맥을 보면 용산구 시장님이 서울특별시 시장을 겸직하는 것으로 되어 있으니까 서울특별시장의 권한과 자격으로 미리 사인을 한 후 호적담당자님에게 혼인신고를 하도록 한 걸로 이해했는가 봅니다.
　한국 사람은 주소지 구청에 혼인신고하는데 이태원과 미8군을 관내에 두고 삼각지로타리에 나이지리아 마을이 있는 용산구는 대한민국에서 가장 국제화된 곳이라 대한민국에서 국제결혼을 하는 모든 한국인은 용산구에서 이렇게 혼인신고를 척척 받아주는가 봅니다.

```
[신고일] 2004년 11월 30일
[배우자]
[배우자의출생연월일] 1965년 07월 05일
[배우자의국적] 방글라데시
[송부일] 2004년 12월 03일        [송부자] 서울특별시 용산구청장
[제적일] 2004년 12월 03일
```

  2004. 11. 30 용산구에 있는 방글라데시 대사관 가서 대사관 휴지통에서 버려진 영문 휴지 한 장 달랑 주워 들고 근처의 용산구청에 가니 못 쓰는 영문 종이도 귀중하게 재활용한다는 정신으로 2004. 11. 30 그 날짜로 빠르고 신속하게 결혼신고 받아주고 2004. 12. 03 원주시로 혼인신고된 걸 송부합니다.

  결혼신고 접수받아 송부하는 구청이야 단순히 결혼신고서를 등록기준지인 원주시로 송부하는 전달자 역할밖에 하지 않겠지만 쓸모없는 쓰레기에 관인을 찍어 권위 있게 포장한 뒤 봉투에 곱게 담아 송부하니 원주시에서는 귀중하게 받들어 혼인등록할 수밖에 없지요.

  국제결혼이 무척 어렵고 힘들 것으로 생각하시는 분들이 많으시겠지만 어떤 국가의 것이든 영문으로 된 결혼신청서 용지 한 장만 메워 오면 그것이 어떤 나라의 어떤 용도의 신청서인지 또 결혼등록된 것을 증명하는 서류인지 구별하려고 하지 않는 분들이 대한민국 결혼신고 접수창구에서 친절하게 일을 봐주고 계시므로 전혀 신경 쓰지 마시고 편안한 마음으로 안심하고 국제결혼신고하시기를 바랍니다.

방글라데시 결혼 서류 하나

　이건 위조 서류도 아니고 허위 서류도 아닙니다. 방글라데시인 아버지, 어머니가 방글라데시에 있는 공증인 사무실에 가서
　"우리 아들은 방글라데시인입니다."
　"우리 아들은 방글라데시에서 방글라데시 여자와 결혼한 사실 없습니다."
　"진짜 총각입니다."
　"방글라데시든 외국이든 결혼해도 좋습니다!"
　하고 공증을 받은 것입니다.

　그래도 한국에서 만든 서류로만 국제결혼하는 파키스탄, 나이지리아, 중국인들과는 달리 방글라데시인들은 본국의 아버

BEFORE THE NOTARY PUBLIC, NARAYANGANJ, BANGLADESH.
AFFIDAVIT OF UNMARRIED.

son of Late A   Nowabpur Road,
Police Station: Sutrapur, District: Dhaka age about 65 years, by faith Muslim by
profession Business and by Nationality Bangladeshi by birth.

and

I, JAYEDA BEGUM, Wife of FARUQUE AHMED of of 95/1, Nowabpur
Road, Police Station: Sutrapur, District: Dhaka age about 52 years, by faith
Muslim, by profession House work and by Nationality Bangladeshi by birth do
hereby solemnly affirm and says as follows : -

That we are the permanent citizens of Bangladesh by birth.
That our Son   is not married or contracts for
marriage any girl in Bangladesh. He is still unmarried.
That we have no objection on our part or on behalf of our family if our son
is likes to be married home and abroad.

That the statements made above are true
This affidavit solemnly declared   the best of our knowledge and we belief
and affirmed before me this   in truth and swear and sign this Affidavit
day of August 2007 by   before the Notary Public, Narayanganj,
identified by Mr.   Bangladesh.

Deponents

The deponents are known to me;
identified by me and they have signed
this affidavit in my presence.

Advocate
MD. FAZLUR RAHMAN
Advocate
Judge Court, Narayanganj.

MD. RAFIQUL ISLAM
Advocate & Notary Public
For Whole of Bangladesh
Govt. of Bangladesh
Narayanganj.

Mian Md. Mainul Kabir
Second Secretary
Embassy of Bangladesh
Seoul

지, 어머니까지 동원되어 본국에서 만든 서류가 온다는 것은 조금은 기특합니다.

좋습니다. 출생등록을 하는 행정절차가 제대로 마련되지 않은 나라는 이런 서류가 가능할 수도 있겠지요.

그렇지만 방글라데시에 있는 미국 대사관에서는 방글라데시인의 결혼증명 서류로 어떤 것을 받아들이는지 한 번 봅시다.

---

3. Unmarried Certificate:

Unmarried certificate has to be submitted in the Foreign Ministry after collecting it from the office of District Commissioner (DC) and a prior attestation from Notary Public.

미혼증명서는 District Commissioner에 의해 발급되어 공증인 사무소에서 공증된 후 외교부에 제출되어 인증되어야 한다.

방글라데시도 결혼하지 않았다는 대한민국의 가족관계부 같은 증명서를 해 주는 기본적인 행정단위는 있는 곳이 있군요.

District Commissioner가 구청장쯤은 되는 모양이고 그곳에서 우리나라 호적관서와 같은 일도 하나 봅니다.

방글라데시는 주민등록이나 가족관계부와 같은 행정제도가 없어 선거 때가 되면 이중투표를 방지하기 위해 투표를 한 후 수일간 지워지지 않는 잉크로 손등에 도장을 찍어주는 나라로 알았더니 결혼 여부를 확인할 수 있는 행정업무를 보는 기본적인 행정단위는 있는 나라는 맞군요.

 기초적인 행정단위가 있어 주민의 기록을 유지 관리하는 행정업무를 처리하는 나라의 국민이 한국에서 한국인과 결혼할 때는 한결같이 행정기관이 제공하는 공적 서류는 준비하지 않고 아버지, 어머니가 공증인 사무소에 가서 "내 아들은 미혼이야." 하고 사문서인 공증 문서로 공적 문서를 대신하려고 노력하지요.
 방글라데시는 인도, 영국, 파키스탄 등으로부터 오랜 지배를 받아온 피지배 민족으로 지배자로부터 책임추궁과 가혹한 문책을 회피하기 위한 자기 방어본능 차원의 습성이 굳어져 작은 가게에 가서 사소한 물건을 사고팔아도 반드시 영수증을 주고받을 정도로 문서를 모으고 보관하는데 신경을 곤두쓰고 상황이 명백해지기 전에는 자기에게 불리한 말은 절대 입 밖에 내지 않는 태도를 취한다고 합니다.

 또 방글라데시는 오랜 영국 식민지의 전통 때문인지 풀뿌리 민주주의가 아주 뿌리 깊이 박혀 있다고 합니다.
 그래서 지역에서 지역민의 문서를 관장하므로 지역민의 중요한 이해를 다루는 역할을 하게 되는 동장을 선출하는 동장선거가 있어도 수십 명의 후보자가 난립하여 첨예한 선거전을 벌이는 선거의 나라이기도 하다고 합니다.

이런 문서의 나라에서 기초 행정단위가 제공하는 서류 한 장 준비하지 않고 공증인 사무실에서 아버지, 어머니가 가서 만들어 준 결혼하지 않았다는 공증서를 공적 문서로 애지중지 받아 주는 곳이 대한민국 호적관서입니다.

방글라데시가 유명한 것은 나라는 가난하지만 행복지수가 무척 높다는 것입니다. 행복지수 조사할 때 방글라데시 남자들만 조사하여 행복지수를 메긴 게 틀림없습니다.

방글라데시는 과부와 거지의 나라로도 제법 이름이 있는데 방글라데시 남자가 이슬람가족법에 따라 세 번만 소리 내어 이혼하겠다고 하면 이혼이 되는 나라이므로 가정생활에 무관심한 남자들은 이혼을 잘 한다고 하지요.

그러면 사회생활에 제약이 많은 이슬람 국가의 이혼당한 방글라데시인 여자와 버려진 아이들은 가난하고 일자리도 없는 나라의 백성으로 거지질을 하거나 건축용 자갈대용으로 사용하기 위하여 붉은 진흙 벽돌을 깨는 일을 하여 겨우 연명하여 살아간다고 합니다.

한국 호적관서의 적극적이고 친절한 협조 하에 방글라데시에 첫 번째 부인을 두고 허위·위조 서류로 결혼하는 한국인 여자는 방글라데시 남자가 세 번 소리를 지를 수고도 할 필요가 없습니다.

　다만 한국 호적과 비자연장을 위해서만 필요한 부인이라 방글라데시 여자보다 더 비참하고 지독한 대접을 받고 있는 것을 알아채지 못하고 있을 뿐이지요.

방글라데시 결혼 구비 서류 하나

죄송합니다. 이 서류가 진짜인지 가짜인지 확실히 구별할 방법이 없습니다.

한국에서 사용되는 국제결혼 서류에 사용되는 대부분의 서류들이 국제결혼하는 외국인의 본국 법에 비추어 보아도 전혀 얼토당토않거나 대한민국에서 만들어져서는 되지 않는 서류들이 대한민국 땅에서 터무니없이 만들어 대한민국 국가기관에 제출되는 서류들에 대해서는 이런 서류들이 허위·위조 서류라고 명백하게 단정하여 이야기할 수 있었습니다.

그러나 방글라데시 서류들은 이런 명백한 허위·위조 서류 외에도 방글라데시인의 미혼증명을 할 권한 있는 지역 행정

Government of The People's Republic of Bangladesh
Office of the Deputy Commissioner, Dhaka, Bangladesh
(General Section)

NO-DCO/ Gen-Sec (UNMARRIED)(Part-3)-81/2009- 463   Dated-05 May2009.

This is to Certify that   son of   of 26/3
Ruplal   Dhaka is a Bangladeshi by birth, bearing
passport No-Q 0466657. He was born on   has been found through
verification conducted by   Police Super, City Special Branch, Dhaka that he is
single.

05.05.09
(Dilwoara Alo)
Assistant Commissioner,
Office of the Deputy Commissioner, Dhaka

Name:
Father's Name:
Mother's Name:

Sutrapur, Dhaka, Bangladesh.

Copy Forwarded For Information And necessary Action:

01. **Secretary**
    Ministry Of Foreign Affairs, Dhaka.
    Attention- Senior Assistant Secretary
    (Consuler and Welfare)

Authenticated

SYED MOHIUDDIN
Advocate & Notary Public
Whole of Bangladesh

기관장의 명칭인 Commisioner가 발행한 형식을 취하고 공증인 사무실에서 공증을 받은 후 방글라데시 외교부의 인증인까지 있는 경우는 설사 형태가 다른 여러 가지가 있고 그 직인들이 정밀하지 않아 보인다고 하더라도 진짜 서류가 아니라고 할 도리가 없습니다.

다만 뱅갈어 원문 공적 서류와 방글라데시 주재 대한민국 대사관의 인증인이 없어 대한민국에서 혼인신고를 위해 사용할 수 없다고 이야기할 수는 있겠으나 위조·허위 서류라고 할 수는 없겠습니다.

방글라데시인의 국제결혼 서류를 위해 사용하는 문건들은 무엇 때문에 제출하는지 알 수 없는 병원발행 출생증명서(공적 서류 아님), 범죄 조회서 등 상당히 다양하며 진짜 서류와 가짜 서류가 뒤섞여 있어 혼란을 주는 경우도 있습니다.

방글라데시도 이슬람 가족법에 따라 중혼이 금지되는 나라가 아니므로 국제결혼을 위해 위법한 서류가 아니라 정상적인 결혼 구비 서류가 제출된다 할지라도 대한민국의 중혼금지에 해당하는 경우도 많을 것입니다.

또 파키스탄, 나이지리아, 중국 국제결혼 서류와 같이 몽땅 허위·위조 서류만으로 이루어지는 국제결혼은 아니라고 생각되는 것이 상당수 있으므로 방글라데시인과의 국제결제 서류는 더욱 조심하여 세심하게 살펴보아야 할 것으로 생각됩니다.

 진짜란 확증은 없지만 가짜란 확증도 할 수 없는 서류, 한국말 문법과 비슷한 언어 구조로 한국말을 가장 잘 습득하고 한국말의 '밥' 은 방글라데시 의 '밥' 이라고 하여 주식으로 먹는 언어는 한국과 같다는 방글라데시!

 그런 방글라데시는 국제결혼 구비 서류 준비에 있어 진짜도 있고 가짜도 많고 하는 등 희지도 검지도 않은 다소 회색적인 양상을 보이는 것 같습니다.

러시아 결혼 서류 하나

 러시아인과 결혼하는 한국인 수는 그렇게 많지는 않습니다. 그런 만큼 위조·허위 서류로 결혼하는 사례는 없습니다. 다만 한국에서 러시아 결혼 서류를 만들어 한국 호적관서에 결혼 신고하는 경우가 가끔 있는 정도인데 그때 사용되는 서류를 맛보기로 올렸습니다.
 뭐 특별히 위조 서류는 아니지만 이제까지 누누이 말했듯 한국에서 사용될 수 없는 러시아 대사관 공증 서류이지요.

 대한민국이 공증법이 적용되는 영역에서 외국 대사관에 의해 발행된 공증 서류가 사용될 수 없다는 것은 상식입니다.
 주민등록등본을 떼든 가족관계부를 떼든 대한민국 어디에서

Embassy of Russia Seoul

<u>To whom it may concern</u>

Certificate

The Consular section of the Embassy of the Russian Federation in the Republic of Korea certifies that the Russian citizen

_____

date of birth: _____

passport: _____

is not married now and is eligible for marriage.

No. 2356   November 18, 2002

**CONSUL OF THE EMBASSY
OF THE RUSSIAN FEDERATION**

N. ROKIN

든 형식이나 발행방법은 법에 의해 정해진 법정양식이기 때문에 다 똑같습니다.

마찬가지로 정부 기능이 정상적으로 작동하고 법이 있는 나라에서 행정 서류는 나라 전체 어디를 가든 법정양식이기 때문에 같은 형식에 같은 발행 방법입니다.

우리나라 가족관계부처럼 결혼하지 않았다는 것을 증명하는 외국 관공서의 가족 또는 결혼관련 서류도 법정양식입니다.

그럼에도 불구하고 그런 법정양식 외의 서류를 가져온다면 그런 서류는 그 나라에서도 공적으로 사용될 수 없는 것이 명백한 것입니다. 그 나라에 결혼신고를 위해 공적으로 사용될 수 없는 서류가 외국에서 결혼신고하는데 공적으로 사용될 수 있다면 웃기는 일이지요.

그런 웃기는 서류가 러시아 대사관에서 발행한 미혼이라는 것을 증명한다는 공증서입니다. 이런 웃기는 서류를 러시아 국제결혼 서류라고 간혹 들이밀지만 호적관서에서는 덜컥 받아준다는 것이지요.

이제까지 국제결혼 서류를 취급하는 호적관서의 능력에 대해 너무 많이 소개하여 이 정도는 아주 가벼운 실수라 할 수 있겠지요.

베트남 국제결혼

　지금 대한민국은 세계 10위의 무역대국이며 국민소득 2만 달러라고 하는 그런대로 살 만하다고 할 수 있는 나라이지만 1960년대 대한민국은 참 가난했지요.
　가난한 살림에 노점상이라도 벌이려면 아주 작은 종잣돈이라도 있어야 하는데 그 당시 대한민국은 종잣돈이라곤 일푼 없는 알거지 나라에다 머리에 든 것이라도 있어야 하는데 국민들 문맹률이 지금 방글라데시보다 높았지요.

　역사적 치욕과 수모의 댓가로 겨우겨우 마련한 종자돈. 대일청구권 자금으로 받은 돈이 3억 달러라고 하지요. 삼성전자 한 회사 수출액만 해도 100억 달러를 가볍게 넘는 요즈음은 아이들 푼 돈 같은 액수이지만 60년대 초반 3억 달러는 아사자가 발생하는 거지 국가였던 대한민국 전국의 각각 세대에게 쌀 열 가마를 배급할 수 있는 양의 엄청난 거금이었다고 합니다.

 보릿고개 풀죽으로 간신히 넘기는 가난한 대한민국 백성들에게 일 년에 세 가마씩 4~5년 배급했으면 세종대왕 저리 가라 하는 성군의 칭송과 살아 있는 신이라고 불리우는 지도자로 숭앙되었을 것입니다.
 그런데도 돈 떼먹는다고 온갖 욕 들어가며 성공할지 실패할지도 알 수 없는 포항제철 건설에 들어부었다는 건 지금 생각하면 잘한 짓이지만 그 당시로 생각하면 꽤 무모한 일 같습니다.

 광부 7,936명과 간호사 12,000명의 노동력을 담보로 경부고속도로 건설에 사용된 돈 4억 5천만 마르크, 조선 사람을 독일에 노예로 팔아 돈 빌렸다고 하는 사람도 있지만 굶어 죽지 않으려고 먹여주고 재워주면 공짜로 일하던 시대인데 월급주고 돈 빌려주었으니 독일이 인심 쓴 거라고 보는 게 좋겠지요.

 베트남에서 8억 5천만 달러 벌었답니다. 산업공단을 조성하고 공장을 지어 지금의 대한민국이 살 만큼 되는데 사용된 종잣돈. 이런 종자돈으로 대한민국이 지금 정도까지 일어섰다는 것입니다.

그런데 다른 돈은 모르지만 베트남에서 벌어들인 돈은 베트남인들의 피가 묻어 있는 돈이지요.

하루 1달러 80센트의 급여를 받고 낯선 밀림의 전장에서 목숨을 걸고 싸운 용맹한 한국군 5,000명 전사와 11,000명의 부상자로 번 돈이라고 할 수도 있겠지만, 한국군의 전사와 부상자들이 월남 모기에 물려 죽고 다친 건 아니지요.

미군의 공군 화력과 포병지원, 헬기지원 하에 한국군의 전사와 부상자 수가 이 정도이면 용맹무쌍한 한국군의 초토화 작전에 월남인들은 얼마나 많이 피를 뿌렸겠습니까.

한국군 작전지역은 베트콩이 없는 안전지역이라는 소리를 들었다지요. 듣기 좋은 말씀이지만 베트콩이 출몰했다 하면 한국군의 무자비한 청야작전이 있어 월남 사람들에게는 한국군이 사신과 같았다고 보아야 하겠지요.

그래서 베트콩이 있다 해도 감히 존재감을 들어내어 가족과 이웃들에게 피해를 끼치기 힘들었을 것입니다.

즉 한국이 베트남에서 벌어들인 8억 5천만 달러에는 한국군이 흘린 피와 그 몇 10배 이상의 베트남인들의 피가 함께 묻어 있다고 보아야 합니다.

조선 사람은 본래 은혜를 중요시하여 임진왜란 때 원군을 보내 준 명나라 신종의 은혜를 보답하고자 청나라의 창검이 조선의 목덜미를 시퍼렇게 겨누고 있는 가운데서도 창덕궁에 대보단이란 단을 쌓고 속리산 화양계곡에 만동묘란 사당을 건립하여 임금님이 몸소 제를 올렸습니다.

그런 정신이 베트남 사람에게는 은연중 미안한 마음으로 우리나라와 베트남인과의 결혼과 관련한 문건은 관대하고 너그럽게 받아들이는지 베트남 국제결혼 서류는 잘 살피지 아니하고 무조건 통과입니다.
파키스탄, 나이지리아, 중국, 방글라데시 등 이런 나라 국제결혼 서류는 대부분 허위, 가짜 서류이었지만 가짜라도 달라고 하여 구색을 맞추는 시늉을 하였으나 베트남 사람한테는 아예 아무런 서류도 요구하지 않습니다.

호적관서의 국제결혼 서류 취급능력은 외국어 서류는 당달봉사와 같이 거의 전혀 살펴보지 않습니다.
백치나 마찬가지 수준으로 판단할 능력도 되지 않아 한글 혼인신고 서류만 들이밀면 자판기랑 마찬가지로 혼인등록된 가족관계부가 툭 튀어나옵니다.
이런 호적관서의 능력을 충분히 알고 있지만 베트남 사람이니까 아니면 어차피 이런들 가짜, 저런들 가짜이니 가짜 서류일 바에야 가짜 서류는 아예 요구도 하지 말자 하고 체념하였는가 봅니다.

 헌법 아래 법이 있고, 법 아래 법령, 법령 아래 규칙, 규칙 아래 지침 이런 식으로 법에도 단계가 있는데 법 위에 헌법, 헌법 위에 행정관례가 지배하는 곳인지 법으로 대못이 쳐져 있는 것이지만 앞사람이 한 서류 보고 꼭 이게 정답이야 하고 그대로 따라하는 것 같습니다.

 법으로 정한 본국 주소를 확인하기 위한 공적 서류 요구도 포기하고 규칙으로 정한 본국 법에 따른 결혼증명과 친척관계 서류 제출 요구도 아득히 망각해 버린 채 대한민국 가족관계부 한 장이면 베트남인이 대한민국 국적을 딸 때까지 거칠 것이 없습니다.

 베트남 국제결혼 판은 '베트남 처녀 결혼하실 분' 이란 플래카드를 내건 국제결혼 소개 브로커들이 하이에나처럼 한국 호적 사냥을 위해 돌아다니는 초원이 되었습니다.
 노숙자 쉼터에 계시는 분의 호적도 좋습니다. 이혼, 사별 등으로 생활비 충당에 곤란을 겪고 계시는 어떤 분들도 좋습니다.
 그냥 놀고 있는 호적의 빈칸 한 줄에 베트남인 이름만 살짝 몇 자 올려주시면 300만원을 그냥 드리고 베트남 여행까지 보장할 수 있습니다.

  베트남 가는데 하루, 오는데 하루 머무는 시간 한나절짜리의 베트남여행 흉내만 내는 2박 3일짜리 여행 귀찮으시면 가시지 않아도 전혀 문제되지 않습니다.

  호적관서에서는 미혼이란 증명서로 국제결혼을 하는 건지 베트남에서 결혼하여 결혼등록했다는 서류로 결혼하는지 전혀 신경 쓰지 않고 결혼신고 받아주고 기타 행정기관은 유명무실 없는 곳이나 마찬가지니까 전혀 신경 쓸 것이 없습니다.

  한국 호적에 올라가면 한국에 살아갈 수 있는 암행어사 마패를 수중에 넣은 것과 같아 한국 대사관의 비자를 받는데도 거칠 것이 없습니다.

  비자연장 접수창구는 호적관서와 마찬가지로 호적 서류 한 장 내면 국적 주는 것까지 논스톱 자판기화되었습니다.

  조사권은 뒷전의 가전지보로 모셔두었으니 유명무실하게 변해버렸습니다. 오죽했으면 위장 결혼이나 국제결혼 서류하고 아무 관계도 없는 해양경찰이 섬 지방 식당에 일하는 베트남 사람들 신원파악하다가 위장 결혼 브로커를 체포하고 400명이나 되는 베트남 위장 결혼자를 잡아낼 수 있겠습니까.

  정말 진짜 한국인과 결혼하는 경우에도 결혼 브로커가 만든 국제결혼 서류는 워낙 대충대충 만든 것이라 호적에 올리기 부

적당한 서류들일 것입니다.

그리고 60~70년생 베트남 남, 여가 한국인과 결혼하는 경우는 거의 확실하게 위장 결혼한 것이라고 생각하면 맞겠지요.

그렇지만 베트남 국제결혼 서류는 사절하고 있으니 베트남 국제결혼에 있어서는 비자연장 창구는 의례상 통과하는 곳으로 생각해 주시면 되겠습니다.

베트남 국제결혼에 있어서는 국가기관으로서 기능이 마비된 채 세금만 축내는 곳으로 되었고 국제결혼 브로커들에게도 무시해도 되는 곳으로 간주되게 되었지요!

한국인과 결혼한 베트남 남자의 이혼 서류 하나

　한국인 여자와 이혼하려는 베트남 남자의 이혼 서류입니다. 한국인 여자가 주사, 폭력, 폭언, 외박, 도박, 생활비 갈취를 하고 배우자를 돌보지 않아 이혼을 한다는 내용이지요.
　그래도 이 정도는 정말 약과이고 이혼소송문 작성하시는 한국 변호사님들을 포르노 작가로 만들 만큼 한국 여자분들의 외도 상황을 리얼하게 묘사하여 "아, 도저히 인내의 한계를 넘어서는 짓을 하는 몹쓸 년이구나."

　한국 여자도 외국 남자를 만나면 이혼 서류에서만은 모두 헐크로 돌연변이하거나 무송의 형 무대를 독살한 반금련과 같은 독부, 요부로 변신할 수 있습니다.

(1) 원고가 생활비를 벌기 위해 열심히 일하는데 비해 피고는 전혀 일을 하지 않으면서 집에서 놀기만 하고, 원고 새벽에 출근하거나 밤늦게 퇴근하고 와도 고생했다는 말한마디도 없고 원고에게 따뜻한 밥을 해준적도 없으면서, 원고가 매달 80만원을 생활비로 주는데도(원고의 월급은 100만원 이었음) 항상 돈이 없다고 투덜대며 "이것밖에 못 벌어오느냐. 병신같은 놈아"라며 욕설을 하는 경우가 많았습니다.

(2) 또한 피고는 원고의 기분은 전혀 생각하지 않고 자기가 하고싶은대로 모든 일을 처리하였고, 원고가 피고가 하는 일에 대해서 한마디 하기라도 하면 "베트남놈이 뭘 안다고 지랄이야. 씨발놈아"라는 등의 욕설을 하곤 하였습니다.

(3) 피고는 집안에도 잘 있지 않아서 원고가 새벽쯤 퇴근하여 집에 와도 피고가 집에 없는 경우가 많았으며, 집에 있더라도 술에 취하여 원고에게 술주정을 하는 경우가 많았고 원고가 피고의 술주정에 화를 내기라도 하면 피고는 발로 원고를 걷어 차거나 주먹으로 원고를 때리기도 하는 등의 횡포를 부렸습니다.

(4) 심지어 피고는 며칠씩 집에 들어오지 않는 경우도 많았고, 일주일 정도 들어오지 않다가 어느날 갑자기 집에 들어와서는 원고에게 가지고 있는 돈을 전부 달라고 하여, 원고가 갖고 있는 돈을 모두 주면 피고는 이를 받아들고 나가 며칠동안 들어오지 않다가 한푼도 없이 들어오곤 하였습니다.

한국인 남자와 결혼한 외국인 여자가 이혼신청할 때도 거의 비슷한 내용의 이혼 서류를 제출하는데 이런 이혼 서류 공식이 정답이 되도록 국적 주는 곳에서 모범답안을 세워놓았지요.
한국인 배우자가 죽거나 한국인 배우자의 잘못으로 결혼이 깨어졌을 때는 한국에 계속 살 수 있도록 한다는 좁은 문을 마련해 두었습니다.

'좁은 문으로 들어가라. 멸망으로 인도하는 문은 크고 그 길이 넓어 그리로 들어가는 자가 많고 생명으로 인도하는 문은 좁고 길이 협착하여 찾는 이가 적음이니라.'
국적 따기에서 좁은 문의 말씀은 진리가 되고 김영삼 전 대통령의 대도무문은 헛소리가 되는 것인가 봅니다.
파키스탄인도, 중국인도, 방글라데시인도, 나이지리아인도, 베트남인도, 좁은 문으로 좁은 문으로 몰려들어 법원 가사심판부는 미어터질 지경이라고 합니다.

호적관서의 결혼신고 서류만 한 번 제대로 들쳐보고 비자연장 창구가 본국 법에 따른 결혼신고가 제대로 되었는지 챙기기만 해도 생기지도 않을 일들입니다.
한국인이 한국에서 출발하여 베트남 호치민(옛 사이공)시에 가서 결혼하고 한국으로 돌아오는데 걸리는데 2박 3일 걸립니다. 호치민시에서 점심 먹고 돌아오기도 빠듯한 2박 3일 사이에 국제결혼하고 서류 준비까지 마련하는 번개 결혼을 하고 옵니다.

그래도 한국 관리들은 전혀 의심을 하지 않습니다. 베트남에서 베트남 관리들이 국제결혼 서류를 미리 준비해서 만들어 주었다 해도 도저히 불가능한 짧은 시간에 국제결혼을 하고 와도 대한민국 관리님들은 국제결혼 서류에 대해 전혀 의심을 하지 않습니다.

메콩강 하류지역의 거주민인 국제결혼하는 베트남인들은 옛부터 강 건너 사람들과 결혼하는 습속이 있어 멀리 강 건너온 사람들과 결혼하는데 대해 자연스럽게 생각한다고 합니다.

메콩강 하류의 넓고 큰 강을 건너고 거슬러 올라가 베트남 배우자를 만나고 베트남 배우자가 거주하는 곳의 결혼신고 관서인 인민위원회를 찾아가 사인을 한 뒤 서류 준비하는데 걸리는 시간만 해도 호치민시에서 출발하여 5일은 걸릴 것입니다. 그런데 한국 출발해서 돌아오는데 겨우 2박 3일 걸려 돌아옵니다.

베트남 배우자야 호치민시에서 미지의 한국인 배우자를 기다리고 있는 게 비즈니스 결혼이라 가능하겠지만 베트남 배우자의 거주지 인민위원회 결혼등록 담당자님도 베트남 배우자

후보자와 함께 호치민시에서 대기하고 있다가 결혼 서류를 작성해 주지 않으면 불가능한 일을 베트남 국제결혼 브로커들은 척척해내고 한국의 관리님들은 그런 서류들을 전혀 의심하지 않고 받들어 모십니다.

제3부 결혼신고 서류들에 대한 불편한 진실

베트남 결혼신고 서류 하나

한국인과 베트남인의 국제결혼 시장에서 대한민국 국가기관은 들러리로 브로커가 마련해 주는 서류를 기계적으로 추인해 주는 정도의 역할을 하는 정도이고 실제 무대는 결혼정보회사들이 지배하는 곳이지요.

호적에만 올라가면 대한민국 제일의 공적 서류에 올라갔으니까 우리는 오직 인정할 따름이다, 라는 신념이 워낙 강하여 호적 한 장 딸랑 제출하면 한국 법과 본국 법에 따른 적법한 결혼을 했는지, 허위·위조 서류로 결혼했는지 잘 조사하여 결정하여야 할 의무를 망각의 강 레테 넘어 저 멀리 던져버리고 일을 합니다.

CERTIFICATE OF MARRIAGE

4-Jul-2006

This is to certify that the marriage of the following person, according to his official family register issued on 26-Jun-2006, had been reported on 26-Jun-2006, at the registry office of the Republic of Korea.

Name   :
Date of Birth :
ID No.   :
Name of Spouse :
- Nationality : Vietnamese

낀장 깡리앤   2006-183-9/06호

베트남사회주의공화국
독립-자유-행복

출 생 증 명 서

성 명 :   성별 : 여
생년월일 :
출생지 : 베트남 낀깡주 깡리앤 호아로이
국 적 : 베트남   민족 : 낀족

부모사항	부	모
성 명		
연 령		
민 족	낀족	낀족
국 적	베트남	베트남
직 업		
현 거주지		
본적지		

===
신고인 :
시고처 : 반탄
           2006년06월26일
           인민위원회대표
           부위원장/인/
       상기 내용은 출생등록증 원본으로부터 이기
           2006년06월26일
           인민위원회대표, 응앤퉁뷰/인/
===
       상기 번역은 원본과 상위 없이 진실되게 번역하였음을 확인, 증명함.
                   2009.02.25
               공인 번역사,

결혼정보회사가 멋진 솜씨로 마련하여 호적관서에 제출한 베트남인과의 결혼신고 서류 한 번 봅시다.

대도무문 대한민국 어떤 국가기관에서도 거칠 것 없이 통과될 수 있는 영어 문서부터 한 번 해석해 보겠습니다.

"2006. 06. 26 발행된 가족관계부에 의하면 다음 사람의 결혼은 2006. 06. 26 대한민국 구청에 신고되었음을 증명합니다."

아래 서류는 2006. 06. 26 베트남인이 베트남 인민위원회(구청)에서 출생증명서 발급받았다는 것과 한국인 번역사가 한국에서 번역을 하였다는 것입니다. 무엇이 잘못되었는지 설명드리겠습니다.

한국 국가기관에서 발행한 공적 문서는 한국에서 영어로 번역되어 원문과 함께 공증된 후 한국 외교부의 인증을 받고 사용될 국가 대사관에서 인증된 후 그 외국에 송부되어 필요한 곳에 사용되어야 합니다.

그런데 한국 가족관계부가 베트남 어딘가에서 증명된 후 한국 총영사에 의해 인증되어 한국으로 보내져 한국 호적관서에 혼인신고용으로 제출되었다는 것입니다.

어휴, 즉 한국에서 혼인신고되어 있다는 것을 증명한다는 영어 서류로 한국 호적관서에 혼인신고하였습니다.

외국의 문서가 한국에 사용되기 위해서는 외국의 국가기관에서 발행되어 공증인 사무실에서 영어로 번역 공증된 후 외교부에서 인증되고 한국의 대사관이나 영사관에서 인증한 다음 한국으로 보내져 한국의 호적관서에 제출되어야 합니다.

왜 영어로 번역 공증되어야 하느냐구요.

외국 국가기관에서 발행된 그 나라 원문 문서와 번역문과 함께 그 나라에서 공증과 인증 과정을 거칠 때 한글을 이해하는 사람 있어야 하겠지만 베트남 공증인 사무실이나 외교부 인증 창구에 한글을 이해하는 사람이 있다고 생각할 수 없습니다.

그래서 베트남 공증인 사무실과 외교부 인증 창구에서 원문과 대조하여 동일하다고 인정하고 한국에 와서도 그 공적 문서가 사용되어야 할 한국의 호적관서 사람이 이해할 수 있다고 믿어지는 공통의 문자를 사용하여야 하기 때문에 영어로 번역되어야 한다는 것입니다.

그런데 한국에서 한글로 번역된 문서를 국제결혼신고 서류로 호적관서에 들이밀었습니다.

이 두 장의 괴이한 문서가 호적관서에서 극진히 대접받으며 처리되는 것을 보면 다른 베트남 국제결혼 서류는 오직 결혼브로커의 마음먹기에 따라 무엇이든 사용될 수 있다는 것을 명백히 하는 것입니다.

베트남 국제결혼으로 정상적인 가정생활을 꾸리고 있는 분들도 많이 있지만 결혼 서류들은 정상적인 절차를 고려한다면 시간도 걸리고 비용도 더 들 것이란 국제결혼 브로커의 수익성을 배려한 조치로 가히 짐작할 만한 상태, 허위·위조 서류라고 할 수 있겠지요.

더구나 최근에는 한국인 결혼 희망자 숫자보다 베트남에서 한국으로 오겠다는 열망을 가진 분들과 결혼보다 돈벌이에 주 목적을 둔 분들의 숫자가 만만치 않게 많습니다.
그래서 한국 호적 확보가 돈이다, 라는 분들이 수익 극대화를 위하여 맹활약을 하고 있으니 그분들을 위하여 가련한 호적관서 관리님들은 진짜 서류든 가짜 서류든 넣기만 하면 깔깔한 새 가족관계부를 자판기처럼 토해냅니다.

한국이 베트남전에서 벌어들인 8억 5천만 달러를 훨씬 상회하는 외화를 베트남에 퍼부었을 것인데도 베트남 신세 갚기는 겨우 걸음마야 하는 심정으로 베트남 국제결혼은 이제 힘찬 용틀임을 시작한 것처럼 보입니다.
한국인이 베트남에서 뿌린 씨보다 백배 천배 더 많은 베트남인의 피가 대한민국에 가득하여 베트남인과 대한민국이 동족적인 유대관계를 형성할 때까지 베트남인을 무한 받아들이자는 전략적인 국가 목표를 설정한 듯 베트남인과의 결혼에는 대한민국 행정기관에 의한 어떤 서류 검증 절차도 생략해 주고 있습니다.

 가짜 서류 구색 맞추기도 베트남 국제결혼에서는 필요 없으니 대충 낙서된 베트남 종이쪽지 무엇이든 들고 와서 한국 호적관서에 가져가면 그것으로 호적관서 분은 크게 만족해하시면서 잘 정리된 가족관계부를 원하시는 대로 만들어 주실 것입니다.
 물론 가족관계등록부에 이름만 올리면 다른 행정기관은 전혀 신경 쓸 게 없습니다.

 호적만 올리면 그것으로 국제결혼 절차는 완벽하게 마무리되니까 국적을 딸 때까지 한국에서 살아가는데 문제는 없습니다.
 다만 뜬금없이 해경 같은 곳에서 멍게어장 침범하고 어린 물고기 잡았다고 하는 수산업법 위반자를 단속하는 것을 넘어 한국인과 결혼한 외국인을 잡아 위장 결혼을 하였네 마네 하는 일을 가끔 하여 베트남 국제결혼이 위장 결혼이라는 것이 들통 나는 경우는 있지만 그런 일은 극히 예외입니다.

 아, 위장 결혼이란 표현은 조금 잘못되었습니다. 위장 결혼은 국제결혼 서류가 모두 정상적인 것이나 결혼할 생각은 없이 다만 돈을 벌 목적이나 기타 다른 목적으로 서류로만 결혼 형식을 취한 것을 위장 결혼이라고 합니다.

위장 결혼이라면 이렇게 서류상은 꼬투리 잡을 것 없이 완벽한 결혼이지만 최근 한국인과 베트남 및 기타 외국인들과의 국제결혼은 위장 결혼이기도 하고 한국 호적만 진짜이고 호적에 올리는데 필요한 서류인 외국인의 본국 서류는 위조·허위로 된 가짜 결혼이기도 한 경우가 엄청나게 많다고 할 수 있지요.

사정이 이러하니 베트남 배우자의 경우 진정한 결혼을 하였을지라도 한국 결혼등록 행정기관의 능력을 손바닥 보듯 잘 파악하고 있는 베트남 결혼 브로커분들이 비용절감을 위해 국제결혼 서류 준비를 허위·위조 서류로 대충대충 준비하므로서 결혼 서류가 가짜로 이루어지는 경우도 많이 생기겠지요.

베트남 결혼증명서

베트남인과 베트남에서 결혼하고 베트남 인민위원회에서 결혼신고 후 결혼증명서를 발급받을 때 신랑 신부가 함께 결혼증명서에 서명 날인한 표시가 되어 있습니다.

이 서류는 진본으로 생각됩니다. 베트남 공중인 사무실에서 공증도 하지 않았고, 외교부 인증도 없으며 주 베트남 주재 한국 대사관 인증인도 빠뜨려 한국 호적관서에 사용할 수 없는 베트남 결혼증명서이지만 베트남 인민위원회에서 발급받은 서류인 것은 형식으로만 보아도 분명한 것 같습니다.

또, 대한민국 호적관서에는 사용할 수 없는 것이지만 거리낌

ỦY BAN NHÂN DÂN   CỘNG HÒA XÃ HỘI CHỦ NGHĨA VIỆT NAM   Mẫu TP/HTNNg-2003-KH
tỉnh/thành phố   Độc lập - Tự do - Hạnh phúc
...Bạc Liêu.....

GIẤY CHỨNG NHẬN KẾT HÔN

Họ và tên chồng: ....   Họ và tên vợ: ....

Ngày, tháng, năm sinh: .....   Ngày, tháng, năm sinh: .....
Nơi sinh: ......Hàn Quốc......   Nơi sinh: ...Đông Hải - Bạc Liêu...
Dân tộc: ......Hàn......   Dân tộc: ......Khơmer......
Quốc tịch: ...Hàn Quốc...   Quốc tịch: ...Việt Nam...
Nơi cư trú: .... Sang   Nơi cư trú: .... Điền, huyện
Ju-city, Kyung Sang Buk-do, Korea   Đông Hải, tỉnh Bạc Liêu
Hộ chiếu/CMND/Giấy tờ hợp lệ thay thế: Hộ chiếu/CMND/Giấy tờ hợp lệ thay thế:
         Hộ Chiếu   CMND
Số: ......GB 0554714......   Số: ......385312642......
Nơi cấp: ......Hàn Quốc......   Nơi cấp: ...Công an Bạc Liêu...
Ngày, tháng, năm cấp: ...30/08/2004...   Ngày, tháng, năm cấp: ...24/12/2002...

Giấy chứng nhận kết hôn này có giá trị kể từ ngày ghi vào Sổ đăng ký kết hôn.

    Chồng   Vợ
(Ký và ghi rõ họ tên)   (Ký và ghi rõ họ tên)

                                Bạc Liêu, ngày 26 tháng 10 năm 2004
                          T/M ỦY BAN NHÂN DÂN tỉnh/thành phố Bạc Liêu
                                         CHỦ TỊCH
                              (Ký, ghi rõ họ tên và đóng dấu)

Vào Sổ đăng ký kết hôn
Số 178, Quyển số 06
Ngày 08 tháng 11 năm 2004
     Cán bộ đăng ký
   (Ký và ghi rõ họ tên)

                                          Bùi Hồng Phương

없이 사용되어 문제없이 가족관계부까지 나왔습니다.

통째로 가짜 서류를 들이밀어도 아무 문제없는데 이 정도 서류만 제출해도 무척 양호한 국제결혼 서류라고 해야 한다면 참 답답하지요.

요즈음 베트남인과 국제결혼은 호치민시에서 베트남 여자 얼굴 1초간 흘낏 보고 진짜인지 가짜인지 모를 대한민국 호적관서 제출용 국제결혼 서류 달랑 한 장 받아와 혼인신고합니다.

그런데 그렇게 받아온 서류가 미혼이란 증명서인지 베트남에서 혼인등록하고 받아온 서류인지 호적관서에서 혼인신고하는데 아무런 지장이 없으니까 문제없지만 비자연장 창구에서는 외국인의 본국 법에 따른 결혼등록을 하였는지 확인하여야 할 책임이 있습니다.

비자연장 창구, 아무것도 안 합니다. 외국인과 혼인신고 등록된 가족관계부 달랑 한 장 받으면 국제결혼 다 된 줄 압니다. 베트남 국제결혼이 미혼증명서로 혼인신고된 건지 베트남에서 혼인등록된 서류로 한국에서 혼인신고된 건지 알게 뭐냐? 아수라장 같은 허위·위조 국제결혼 서류 판에서 완전한 방관자입니다.

베트남 국제결혼 브로커로부터도 완전한 무시를 받아 왕따된 처지가 되어 가짜 서류 한 장 받지 못하고 있습니다.

스스로는 외국인이 한국에 살고 말고를 결정하는 절대 권력자인 것처럼 오만하게 우뚝 서 있는 이스터 섬의 모아이처럼 먼바다 너머를 넋을 놓고 바라보고 있는 것 같습니다.

사정이 이러하니 이제는 베트남에 한 번도 간 적 없고 베트남 신부를 만나 본 적도 없는 베트남 배우자가 한국에 들어오기 시작했습니다.

2박 3일짜리 베트남 여행도 비용이 드니까 베트남 국제결혼 브로커들은 미혼이라는 베트남 서류만 한 장 한국에 보냅니다.

한국 사람이 베트남에 갔다 왔든 말든 관심 없는 호적관서 분들은 혼인신고 받아주고 가족관계등록부에 올려줍니다.

가족관계등록부 한 장 받아 베트남에 보내면 비자 받는 것은 자동이고 한국에 입국하면 가족관계등록부 한 장으로 외국인 등록해 주고 한국 국적 딸 때까지 안심하고 잘 사시라고 사회통합 차원에 친절히 모셔줍니다.

헌법
제2조
①대한민국의 국민이 되는 요건은 법률로 정한다.

베트남인이 대한민국 국민이 되는 요건은 법률로 정하게 되어 있는 게 아닙니다. 헌법을 무용지물로 만들고 법을 있으나

마나 여기는 헌법 위에 관례와 마음 내키는 대로가 있고 그 배후에는 베트남 국제결혼 브로커들의 농단이 자리 잡고 있나 봅니다.

베트남인들이 국적을 딸 때는 베트남 사람이 한국 사람과 결혼한 베트남 기록이 없어 국적 포기가 되지 않는 일이 생겨도 적당히 우물쩍 알아서 대한민국 국적을 줄 준비가 항상 마련되어 있습니다.

대한민국에서 합법적이고 정당한 국제결혼 절차에 의한 결혼은 인정하지 않고 위법한 허위·위조 서류로 하는 국제결혼이나 반 토막 국제결혼만 인정하는 오랜 행정관례가 대한민국 국적을 주는 법률 조항을 무용지물로 만들만큼 확실히 자리를 잡은 모양인 것 같습니다.

바야흐로, 대한민국 국적 대바겐세일 중입니다.

	Mẫu STP/HT-2006-XNGC
UBND TP. CẦN THƠ	CỘNG HÒA XÃ HỘI CHỦ NGHĨA VIỆT NAM
SỞ TƯ PHÁP	Độc lập - Tự do - Hạnh phúc

Số: 3634../STP-XN   Cần Thơ, ngày 14 tháng 12 năm 2006

GIẤY XÁC NHẬN VỀ VIỆC
ĐÃ GHI CHÚ VÀO SỔ CÁC VIỆC HỘ TỊCH ĐÃ ĐĂNG KÝ
TRƯỚC CƠ QUAN CÓ THẨM QUYỀN NƯỚC NGOÀI

GIÁM ĐỐC SỞ TƯ PHÁP

Căn cứ Nghị định số 158/2005/NĐ-CP ngày 27 tháng 12 năm 2005 của Chính phủ về đăng ký và quản lý hộ tịch;

Căn cứ Nghị định số 69/2006/NĐ-CP ngày 21 tháng 7 năm 2006 của Chính phủ về sửa đổi, bổ sung một số điều của Nghị định số 68/2002/NĐ-CP ngày 10 tháng 7 năm 2002 của Chính phủ quy định chi tiết thi hành một số điều của Luật Hôn nhân và gia đình về quan hệ hôn nhân và gia đình có yếu tố nước ngoài;

Xét đề nghị của bà Phạm Thị Thúy Oanh về việc xin ghi chú việc kết hôn với ông Kim Changsoo.

XÁC NHẬN:

Họ và tên: Phạm Thị Thúy Oanh   giới tính:
Ngày, tháng, năm sinh:
Nơi sinh:
Dân tộc: Kinh   **Quốc tịch:** Việt Nam
Số Giấy CMND/Hộ chiếu: CMND số: 362041305
Nơi thường trú/tạm trú: Cờ Đỏ, thành phố Cần Thơ.

Đã thực hiện ghi vào Sổ đăng ký Kết hôn số....1511..... quyển số......VI...........

Nội dung ghi chú: ghi chú việc kết hôn đã đăng ký tại cơ quan có thẩm quyền của nước ngoài giữa bà Phạm Thị Thúy Oanh và ông Kim Changsoo, sinh năm 1966, quốc tịch Hàn Quốc.

Căn cứ ghi chú: Giấy Chứng nhận kết hôn do Tổng lãnh sự quán Hàn Quốc tại TP. Hồ Chí Minh cấp ngày 29/09/2006, được Sở ngoại vụ TP. Hồ Chí Minh hợp pháp hóa lãnh sự số: 015707/LS-HPH, ngày 03/10/2006./.

CHỨNG THỰC SAO ĐÚNG VỚI BẢN CHÍNH

Cán bộ hộ tịch   GIÁM ĐỐC

Lê Thị Hải Yến   Trần Phước Hoàng

이 증명서는 외국에 있는 호적부에 재판권 전부가
이미 등록되어 있음.

법무부 장관

기록근거: 2006년 09월 29일자 호치민시 한국대사관에서 발급한 혼인인증서, 2006년 10월 03일자 015707/LS-HPH 영사확인번호

기초 기록 : 호치민시, 주베 한국대사관 2006/ 12/ 25일 호적부에 혼인관계 대해 반대 없이 주베 한국대사관에서 증명 했으며 호치민출입국사무소 영사번호: 021144/LS-HPH, 일시 2006년 12월 26일./.

기초 기록   : 호치민시, 주베 한국대사관이 2007/9/05, 위의 혼인관계가
성립되었음을 증명하였음.
호치민출입국사무소 발급번호: 17 206/LS-HPH,
일시 2007/9/06./.

위 사람은 베트남사회주의공화국의 현재의 가정법에 따라 아래의 사람과의 혼인요건을 충분히 갖추고 있음을 인증합니다.

등록사항은   의 호적등본과 2007년 3월 27일 베트남 하노이 주재 대한민국 대사관에서 발급된 혼인성립요건구비증명서 제 07-0294호에 의거해 등록.

결혼증명서와 가족호적등본은 2007년 2월 2일 서울특별시 종로에서 2007-1233번호로 발급함.

그러므로 컨터시 사법부에서   과   호적에 변 한부분을 보완하였고 이혼기록은 2006년 컨터시 사법부 호적 부서 1 권 297번에 등록되어 있습니다. 보완일 : 23/3/2006

컨터시 사법부에서 혼인 증명서를 외교부에 등록하였음을 통보합니다.

베트남 위조 서류들

　베트남어를 전혀 몰라도 베트남 결혼 서류가 얼마나 엉망인지 한글 번역된 가지가지 내용만 보아도 단박에 알 수 있을 것입니다.
　길게 설명하지는 않겠습니다. 한국 대사관에서 베트남 행정기관에 사용할 수 있도록 혼인성립요건 서류는 어떤 경우에도 발행할 수 없다는 것입니다.

　또한 번역 공증은 베트남에서 해야 하기 때문에 영문이 기본이 되어야 합니다. 한글 번역 공증은 한국에서 베트남 결혼 서류를 적당히 만들었다는 방증이 될 수 있습니다.

인도네시아 위조 서류들

　고용허가 받아 한국에서 일하는 게 가능한 나라 사람은 15개 나라의 사람입니다. 인도네시아, 필리핀, 몽골, 태국, 캄보디아, 베트남, 파키스탄, 방글라데시, 미얀마, 동티모르, 캄보디아, 우즈베키스탄, 기르키스탄, 중국, 네팔 이런 15개 나라들이지요.
　신부감을 구하기 위해 많은 비용을 들여 신부가 있는 나라까지 여러 차례 들락날락하는 사람들도 많습니다.
　일부러 그런 고생 안 하고 이런 나라에서 몰려 온 외국의 남녀들과 함께 일하다가 국경 없는 사랑이 싹터 결혼하는 일은 아주 자연스러운 일입니다.
　주로 이런 국가에서 온 사람들이 한국 사람을 만나 한국 땅에서 보다 나은 기회를 찾아보려고 하지요.

[배우자의국적] 인도네시아
[배우자의출생연월일] 1975년 06월 09일
[혼인증서작성자] 중화인민공화국 홍콩시청 혼인등기처

[배우자의국적] 인도네시아
[혼인증서작성자] 호주 뉴사우스웨일즈 혼인담당관

[배우자의국적] 인도네시아
[혼인증서작성자] 인도네시아국 자카르타시장

[배우자의국적] 인도네시아
[혼인증서작성자] 비하라 아발로키데스바라사원 부직수 비르야 나가스나 와시토

[배우자의국적] 인도네시아
[혼인증서작성자] 인도네시아국 라몽안시 종교부 혼인중서담당자

　세계인 모두가 살고 싶어 하는 인심 좋고 살기 좋은 금수강산, 또 외국인이 돈 벌기도 딱 좋은 한국 땅에 꼭 살고 싶어 하지만 멋있고 잘생긴 한국 사람을 만나지 못하거나 외국인의 본국에 처자가 있는 사람들은 황금의 땅 앨도라도 한국을 떠나야 되는 슬픔을 감수해야 합니다.

　궁 즉 통, 외로운 한국인의 가족관계부 한쪽 쓸모없이 비어 있는 곳에 살짝 끼어들 수만 있다면 한국에 계속 계실 수 있다

는 놀라운 사실을 깨닫게 됩니다.

　인도네시아인들도 한국에서 발을 붙여 살기 위해 또는 절실한 사랑 때문에 한국인과 결혼을 시도합니다.

　국제결혼 서류에 대해 이리저리 알아봅니다.
　중국 사람은 어떻게 국제결혼하는지, 파기스탄, 방글라데시 사람은 또 어떻게 하는지, 베트남은, 러시아 사람은 어떻게 하는지 두루두루 알아보니 국제결혼 서류들은 나라마다 다르고 다양하지만 한 가지 분명한 것은 한국 호적등록하는 곳에서는 어떤 문서를 가져가든 거부되는 법이 없다는 한 가지 반갑고 고마운 사실을 발견하게 됩니다.
　그래서 세계 각국 허위·위조 서류 사용방법을 다양하게 구사하여 한국 호적에 등재하기 시작하였습니다.
　결과는 놀라운 것입니다. 인도네시아인이 혼인신고에 제출하는 다양한 종류의 서류들은 대한민국 땅에서 거침없이 사용되었고 인도네시아 국제결혼 서류는 왜 이리 다양한가 하는 의심 한 번 받지 않고 어디 한 군데 걸러지거나 방해를 받지 않은 채 통하기 시작하였다는 것입니다.

　인도네시아까지 가서 결혼등록을 하고 정상적인 서류를 준비해 가족관계부에 올린 분들도 많습니다. 하지만 예시한 호적 기록에 보이는 모양처럼 얼토당토않은 서류들이 사용된 경

EMBASSY OF THE REPUBLIC OF INDONESIA
S E O U L
REPORT AND CERTIFICATE OF MARRIAGE

The Honorable
Chief of District Jincheon-gun
The following marriage is hereof reported

BRIDEGROOM	**BRIDE**
Name in full :	Name in full :
Father's name in full	Father's name in full
Mother's name in full :	Mother's name in full :
Permanent Address : EUP/GUN CHUNGBUK	Permanent Address : INDONESIA
Present Address : DAEJONGDONG USEONGGU DAEJON	Present Address : DAEJONGDONG USEONGGU DAEJON
Date of birth :	Date of birth :
Occupation : EMPLOYEE	Occupation : HOUSE WIFE
Nationality : KOREAN	Nationality : INDONESIAN
ID Card/Pasport No :	ID Card/Pasport No : P398291
Previous marriages (list termination of all) :	Previous marriages (list termination of all) :
If terminated by death, date :	If terminated by death, date :
If terminated by divorced :	If terminated by divorced :
Court :	Court :
Case No. :	Case No. :
Decree date :	Decree date :
Date divorce final :	Date divorce final :
Signature of BRIDEGROOM	Signature of BRIDE
Witness :	Witness :
Permanent Address : JINCHEON EUP/GUN CHUNGBUK	Permanent Address : JINCHEON EUP/GUN CHUNGBUK

REPUBLIC OF KOREA
CHIEF OF DISTRICT JINCHEON-GUN
EMBASSY OF THE REPUBLIC OF INDONESIA

The Embassy of the Republic of Indonesia in Seoul, Korea duly commisioned and qualified, do hereby certify that, whose true signature and official seal are, respectively subscribed and affixed to the foregoing certificate. For the contents of this document, the Embassy of the Republic of Indonesia assume no responsibility.

IN WITNESS WHEREOF I HAVE HERE UNTO SET MY HAND AND AFFIXED THE SEAL OF THE INDONESIAN EMBASSY IN SEOUL, KOREA ON THIS DAY 06 AUGUST 2008

NO : 1113/LD/2007
For the Ambassador
Head of Consular Section

SITA SARI R. WIDOWATI
Second Secretary

55, Youido-dong, Youngdeungpo-ku, Seoul, Korea 150-896

우도 많습니다. 예시된 호적의 내용들에 대해서는 파키스탄 서류부분에서 설명한 바가 있으므로 더 이상 자세한 설명을 재론하지 않겠습니다.

다만, 국가를 운용하는데 있어 행정기관이 할 일은 법률로 정해지고 행정기관은 법정양식을 사용하여 일을 한다는 것은 세계 어느 나라나 같다는 것입니다.

그래서 공무원은 주어진 권한과 부여된 직무 범위를 벗어나 일을 할 수 없고 만일 하게 된다면 위법한 일을 하는 것이잖아요.

인도네시아인과 한국 사람이 결혼하였다고 하여 혼인신고 받아 주시는 관리님은 호적업무 외에 때로는 도시계획 업무도 하시고 강도도 잡고 외국에 파견되어 외교 문서도 취급할 수 있으며 법정양식이 아닌 임의양식으로 공적 문서를 발행해 주시는지 모르겠지만 인도네시아는 그런 나라가 아닌 제대로 국격을 갖춘 나라인 것을 알아주셔야 겠습니다.

허위·위조 서류들의 종합판이 된 인도네시아 국제결혼 서류는 세계 최대의 이슬람 국가답게 이슬람교회에서 만들어 주는 서류도 이용하고, 대사관에서 만들어 주는 서류도 이용하고, 다른 나라에서 대충 만든 서류도 이용하는 등 사용 서류가 혼인신고하는 사람마다 다를 정도로 다양성을 보이고 있는 실정이지요.

파키스탄인이나 방글라데시인이 사용하는 서류들과 형식, 내용등이 유사한 서류로 인도네시아 대사관인이 날인되어 있으나 문서의 말미에 있는 내용에 유의하시기 바랍니다.

For the contens of this document, the Embassy of the Repblic of Indonesia assume no responsbility.

KEDUTAAN BESAR REPUBLIK INDONESIA
(EMBASSY OF THE REPUBLIC OF INDONESIA)
SEOUL

CERTIFICATION
No :086 /KONS/XI/2002

Based on Marriage Certificate No. 18/CI/2002 issued by District Office Bekasi, West of Java, on October 17, 2002 it is certified that the following :

Name   :
Date of Birth   :
Nationality   : Indonesia
Address in Indonesia: Kel. Kali Anyar,
                      Kecamatan Tambora, Jakarta Barat, Indonesia
Father name   :
Mother name   :

Holder of Indonesian passport no. G937128 issued by West of Jakarta Immigration Office.

AND

Name   :
Date of Birth   :
Nationality   : Korean
Address in Korea   : Kyonggido Kunpo City, Kwang Jeong Dong

Father name   :
Mother name   :

Holder of Korean passport no.   issued by Ministry of Foreign Affairs and Trade of the Republic of Korea.

Have been legally married under the Law on October 17,

This note was made the purpose for Report Married at Kunpo City, Kyonggido, Korea.

Seoul, November 13, 2002

for the Ambassador
Head of Consular Section

SOEGENG SOEDIRO
Minister Counsellor

인도네시아인과 한국인의 여권을 보고 여권사항을 옮겨 적었다는 것입니다. 그리고 군포시에 결혼신고를 하도록 하기 위해 작성했다고 하군요.

근본적으로 주한 어떤 나라 대사관이든 대한민국에 사용하기 위한 공적 서류를 발급할 권한이 없습니다.

주한 어떤 나라 대사관에서 만든 서류는 한국 땅에서 행정 문서로 사용할 수 없습니다.

```
In the name of God
GWANGJU MASJID
Yok-dong,Gwangju-city, Gyonggi-do,Korea. Tel:031-765-0070. e-mail: abdullahjeon@hanmail.net

CERTIFICATE OF MARRIAGE

This is to certify that
Bridegroom     :
Date of birth  :
Nationality    : Indonesia      Passport No.
Address        : DS.Babakan     01 Kec Kaumanah Purbalingga Indonesia
Father's name  :

And Bride :
Date of birth  :
Nationality    : Korea          ID No.
Address        :                Suwon-si, Gyeonggi-do Korea
Father's name  : Gil Gyu, Choi

Witness
1. Name in Full :
   Date of birth :
   Address       :              -si,Gyeonggi-do Korea
2. Name in Full :
   Date of birth :
   Address       :              -si,Gyeonggi-do Korea

is on Dec.12th,2004 at the Gwangju Masjid in Yeok-dong, Gwangju-si, Gyonggi-do,
Korea under the Islamic wedding ceremony,wedding was performed by the Imam of
Masjid as way Amir.

Date of issue : Dec.12th,2004

                           Korea Muslim Federation
                           Gwangju Masjid


                           H.Abdullah D.R.Jeon
                           Imam
```

　　눈에 익은 문서이지요. 파키스탄, 방글라데시인들이 주로 사용하는 허위 문서와 같은 광주이슬람(masjid)교회에서 작성한 것입니다. 인도네시아 대사관 공증인까지 보입니다.

　　외국인이 한국에서 결혼할 때 한국에서 만든 서류는 무엇이든 전혀 필요없습니다. 오직 본국 법에 따라 본국 행정관서에서 발급받은 공적 서류만이 인정됩니다.

KEDUTAAN BESAR REPUBLIK INDONESIA
(EMBASSY OF THE REPUBLIC OF INDONESIA)
S E O U L

CERTIFICATION
NO: 581/KONS/X/99

Indonesian Embassy in Seoul, Korea is certified that the following :

N a m e	:
Place & Date of Birth	: Semarang,
Nationality	: Indonesian
Passport No.	:
Position	: Priest of Church Pantekosta in the Middle of Java Indonesia.
Address in Korea	: Kyonggido, Yang Pyong-Gun, Yongsomyun, Korea

This note was made for the purpose for Extension Stay Visa at Seoul, Immigration Office, Korea.

Seoul, October 21, 1999

For the Ambassador
Head of Consular,

DANTO NTOMA
Minister Counsellor

인도네시아인의 여권사항을 문서로 옮겨 만든 것입니다. 사용목적은 비자연장을 하는데 사용하기 위해 만들었다고 하군요. 그냥 여권을 복사하여 제출하면 되는데….

어째든 국제결혼하는데 필요 서류로 호적관서에서 잘 사용되었다는 점이 중요하지요. 까만 고양이든 하얀 고양이든 쥐만 잡으면 된다고 호적이란 쥐를 잡는 데는 문제가 없습니다.

그런데 우리 집 고양이는 쥐를 잡기는커녕 쥐의 귀여운 친구 노리개가 되어 함께 놀아주는 것 같습니다.

필리핀 여자와 한국인 남자의 결혼에 사용되는 서류

필리핀 결혼제도는 상당히 엄격합니다. 영리를 목적으로 하는 중매제도를 인신매매 행위로 규정하여 6년 이상 8년 이하의 징역에 처한다고 합니다.

필리핀인 여자와 맞선을 보기 위해 필리핀 호텔 등지에서 필리핀 여자를 만나다가 범죄수사국에 적발되어 추방되는 사례도 많다고 하지요.

그래도 한국 지방 각처에 필리핀인과 결혼한 사람들이 많은 것을 보면 참 신기하고 한국 결혼브로커들의 집요함도 대단하다는 것을 느끼게 합니다.

필리핀인이 결혼을 하려고 하면 거주지 결혼등록관서에서

CERTIFICATE OF MARRIAGE

Republic of the Philippines
OFFICE OF THE CIVIL REGISTRAR GENERAL

Province: Negros Occidental
City/Municipality: Bacolod
Registry No.: 2005-3495

	Husband	Wife
Name of Contracting Parties	Young Jong Kim	
Date of Birth/Age	1957	
Place of Birth	Bukjeju-Gun, Jejudo	Paraiso, Sagay, Negros Occidental
Sex	Male	Female
Citizenship	Korean	Filipino
Residence	#2031 Bukjeju-Gun, Jejudo	556th... Bacolod City
Religion	Korean	Baptist
Civil Status	Divorced	Single
Name of Father		
Citizenship	Korean	Filipino
Name of Mother		
Citizenship	Korean	Filipino

Place of Marriage: PALMAS DEL MAR HOTEL & RESORT
Address: J.R. Torres Avenue, Bacolod City
Date: 20 Oct. 2005   Time: 4:30 P.M.

THIS IS TO CERTIFY That Young Jong Kim and ...

IN WITNESS WHEREOF... 20th day of October, 2005

Marriage License No. 9917065 issued on Oct. 17, 2005 at Bacolod City

REV. ...KOLE

Evangelical/Baptist; OHSOMHBJM; December 31, 2006

WITNESSES
MR. FELICISIMO ... DELIZ, JR.   MRS. ELIZABETH L. DES_UITADO
KGRD. EUFEMIO V. DORONILA   MS. NENITA G. GABRIDO

RECEIVED AT THE OFFICE OF THE CIVIL REGISTRAR
EVELYN D. LESPINA
CITY CIVIL REGISTRAR
OCT 27 2005

CARMELITA N. ERICTA
Administrator and Civil Registrar General

우선 결혼허가서를 발부받아야 합니다.

  결혼등록관서에서는 결혼허가서 신청자가 있으면 10일간 게시판에 결혼에 대해 이의 없는지 공고를 하고 이의제기가 없으면 결혼허가서를 발부해 줍니다.

  결혼허가서를 받으면 결혼을 할 수 있는데 결혼허가서 발부일로부터 120일 이내 결혼을 하여야 하고 120일 이내 하지 않으면 결혼허가는 효력을 상실한다고 합니다. 결혼식은 법으로 허용된 결혼식 주재자만이 결혼식을 주재할 수 있습니다.

  결혼식 때는 결혼식 주재자가 서명 날인하고 두 명 이상의 증인이 참여하여 서명하여야 합니다.

  결혼식 증명서가 작성되면 결혼등록소에 결혼등록할 수 있고 빨라야 2주 후에 결혼증명서를 국가 통계국에서 발부받을 수 있습니다.

  이렇게 합법적으로 결혼한 부부는 이혼이 금지됩니다. 결혼식이 끝나고 결혼 피로연 때까지 부부의 일방이 정신적 무능력자로 확인이 되면 이혼이 되지 그렇지 않으면 이혼이 되지 않는다 하니 필리핀에서 결혼은 정말 신중해야 하겠습니다.

  예시된 결혼증명서는 합법적인 결혼식 주재자에 의해 주재되고 수입인지로 수수료도 납부하였으며 국가 통계국(NSO)의 등록 인장도 날인되어 있습니다.

공증인 사무소의 공증과 필리핀 외교부의 인증, 한국 대사관의 인증이 빠져 있어 대한민국 호적관서에서 적법한 공적 서류로 사용하기에는 부족하지만 위조·허위 서류가 난무하는 국제결혼 구비 서류 중 그나마 정상적으로 결혼하여 서류를 발부받았다고 생각됩니다. 한국인 남자와 결혼하는 필리핀 여자의 결혼증명서는 대부분이 이러하지요.

필리핀인이 외국인과 결혼하여 출국하려면 해외동포위원회(CFO)의 교육을 이수하지 않으면 필리핀 이민국은 출국을 허용하지 않는다고 합니다.

필리핀처럼 결혼하는데 3단계의 까다로운 절차를 두고 이혼을 근본적으로 허용하지 않는 나라의 결혼 법을 한국에서도 연구해 볼 가치가 있는 것 같습니다.

신중하게 결혼하고 이혼하는 조건을 엄격하게 정하여 규제한다면 이혼을 줄이는데 무척 도움이 될 것 같습니다.

적어도 위조·허위 서류만 보고 가족관계부에 등재하는 실수를 줄이는 데는 무척 도움을 줄 수 있다고 생각됩니다.

CERTIFICATE OF MARRIAGE

TO WHOM IT MAY CONCERN:

The following marriage, solemnized on _____ is hereby reported.

BRIDEGROOM		BRIDE	
Name		Name	
Date of Birth		Date of Birth	
Father's Name		Father's Name	
Mother's Name		Mother's Name	
Legal Domicile		Legal Domicile	INCHEON S. KOREA
Local Address	INCHEON NAMDONG-GU NONHYEONDONG	Local Address	INCHEON NAMDONG-GU NONHYEON
Occupation	OFW	Occupation	NONE
Proof of Citizenship,	PASSPORT	Proof of Citizenship,	FAMILY REGISTRATION
Previously Married to		Previously Married to	
Divorced by decree of		Divorced by decree of	
BRIDEGROOM'S WITNESS:		BRIDEGROOM'S WITNESS:	
Name & Signature		Name & Signature	
Legal Domicile		Legal Domicile	
Local Address		Local Address	
Date of Birth		Date of Birth	
Occupation		Occupation	

The undersigned, Mayor of _____Namdong-Gu_____, Korea, hereby certifies that the above marriage was solemnized by this office, this _____ day of _26_ 2001.

Foreign Service of the Philippines)
PHILIPPINE EMBASSY   ) S.S.
Seoul, Korea

I, _____ABRAHAM R. ESTAVILLO_____ Consul General _____ of the Republic of the Philippines at Seoul, Korea duly commissioned and qualified, do hereby certify that _YOON TAE JIN_ _____ whose signature and official seal are affixed to the foregoing certificate, was at the time he solemnized the above marriage of _MAYOR OF NAM DONG-KU_ _____ to whose official acts, full faith and credence are due. For the contents of the document, the Embassy assumes no responsibility.

IN WITNESS WHEREOF, I have hereunto set my hand and affixed the seal of the Embassy of the Republic of the Philippines at Seoul, Korea, this _____ day of _26 JAN 2007_ 2001.

Doc. No. _0180_
Series of _2007_
Service No. _50/69_
Fee Paid _80.00_
O.R. No. _3524968_

ABRAHAM R. ESTAVILLO
Consul General

필리핀 남자와 한국인 여자 사이 결혼에 사용되는 서류

한국인과 필리핀 여자가 결혼할 때 사용하는 서류와 필리핀 남자가 사용하는 서류가 틀리는데 이상함을 느끼지 못합니까.

유엔 총회에서 국제결혼에 관한 서류를 통일하자는 회의가 있었는지 파키스탄, 방글라데시, 인도네시아, 필리핀 남자들이 한국 여자들과 결혼할 때 사용하는 위조·허위 서류 양식은 내용과 형식이 거의 일치하는 것 같습니다.

영문 해석해 보겠습니다.

The undersigned, Mayor of ____Namdong-Gu____, Korea, hereby certifies that the above marriage was solemnized by this office, this ____ day of ____ 26 2001.

2001. 1.

대한민국 남동구 시장은 2007. 01. 26 위 언급된 결혼식이 남동구청에서 거행되었음을 증명합니다.

```
I, _____ABRAHAM R. ESTAVILLO_____ 남동여시 명장
              Consul General           of the Republic of the Philippines at Seoul
Korea duly commissioned and qualified, do hereby certify that _____
_____ whose signature and official seal are affixed to the foregoing certificate,
was at the time he solemnized the above marriage of ___MAYOR OF NAM DONG-KU___
_____ to whose official acts, full faith and credence are due. For the
contents of the document, the Embassy assumes no responsibility.
```

대한민국 서울에 주재하는 권한 있는 필리핀 영사 OOO는, 앞 위의 한국인 OOO의 서명과 국가기관의 날인은 남동구 시장이 공적활동과 충분한 신뢰 속에 위 결혼식을 거행한 것을 증명합니다.

그리고,

'서류 내용에 대해 필리핀 대사관은 책임이 없다.'

필리핀 결혼법은 이혼을 허용하지 않습니다.

필리핀 남자들이 필리핀 결혼등록을 회피하는 이유가 무엇이지요. 한국 여자와 살고 있지만 한국에서 필리핀 통화가치로 환산하여 거금을 움켜쥔 뒤 여차하면 귀국하여 고향땅 필리핀에서 삼파귀타 향기 향기로운 어여쁜 여자와 결혼할 여지를 두고 있는 것은 아닐까요.

아니면 고향에 처자식을 두고 한국에 왔기 때문에 합법적인 결혼을 할 방법이 없으니까 위조·허위 서류로 첩 들이는 재

미 삼아 한국 여자와 결혼하였을 개연성도 상당히 높을 것 같습니다.

 필리핀과 한국을 자유롭게 오갈 수 있다면 자신을 유일한 남자로 신뢰하고 사랑하는 한국 여자와 돈 벌러 이국땅에서 갖은 고생을 다한다고 믿고 있는 조강지처 필리핀 여자, 그리고 귀엽고 이쁜 필리핀 자식들을 두고 살아갈 수 있으니 돈벌이만 받침이 된다면 국제결혼하는 재미도 쏠쏠하다고 여겨질 수 있겠습니다.

미국인과 한국인 국제결혼

동경 밝은 달에 밤들이 노니다가
들어와 자리 보니 다리가 네히러라
둘은 내히엇고 둘은 누구 핸고
본듸 내해 다마는 앗아날 어찌릿고

처용은 먼 나라에서 이국의 진귀한 물건을 잔뜩 배에 싣고 장사하러 통일신라의 서울에 왔습니다.

헌강왕은 진귀한 물건들에 혹하여 먼 나라 신기한 이야기를 듣고 견문을 넓혀 볼 심산으로 처용에게 감투도 주고 편의를 봐서 여염집 여자는 아닌 천관녀 같은 몸종 겸한 논다니 하나 붙여주었을 겁니다.

노랫말 그대로 신라의 환락가에서 떡 실신이 되도록 부어라 마셔라 하며 끼고 놀다가 집에 들어오니 계집년이 본래 기둥서방 불러들여 놓고 있지요.

머리 꼭대기까지 취하여 집인지 환락가인지 몽롱한 가운데 기분이 불쾌하지만 한판 하기는 껄적지근하고 해서 노래 한 곡 땡긴 것이 처용가입니다.

기둥서방은 그래도 임금이 시켜 붙여준 여자와 놀다가 들킨 입장이라 떨떠름해서 후딱 나가며 "미안타 당신 화상 안 마주치도록 조심할께." 이러고 나갔지요.

장사하러 잠시 들른 나라에서 잠시 만난 여자를 정식 결혼하여 호적에 올린 정부인처럼 취급하여 삼국유사에서는 처용을 정말 대단한 인격의 소유자인 것처럼 잔뜩 미화해 놓았습니다.

장사꾼이 장사 다하고 한밑천 잡으면 본사가 있는 곳으로 가서 정산작업을 하여 손익을 따지는 것이 당연한 이치라 처분할 것 다 처분하고 구입할 것 다 구입한 마당에 신라 서울에 더 머물 이유도 없습니다.

먼 나라에 장사를 다닐 만큼 배짱도 있는 처용은 본국에 기다리고 있는 처자식도 보고 싶고 신라 임금이 붙여준 여자 버렸다는 나쁜 소문도 피할 겸, 동네방네 계집 바람 피워서 신라에 더 못 살겠다고 소문을 냈습니다. 생각해 보세요. 그렇게 소문 안 냈으면 지금 우리가 어떻게 처용가를 알겠어요.

제대로 따지자면 처용이 본국에 처자가 있는 것은 숨기고 신라에 살 것처럼 행세를 하여 신라 여자와 결혼한 뒤 매일 밤늦게 서라벌의 환락가에서 놀다 들어오니 신라 여자가 처용에게 사기 결혼 당한 것입니다.

외국인들이 본국 기준으로 10배, 20배로 돈벌어 가고 있지만 인권단체들이 외국인들이 노예노동하고 있다, 더 퍼주라 하는 것처럼 처용은 덕이 있고 너그러운 자다.

신라 년이 갈보다 하는 노래가 처용가입니다. 처용의 전통은 쌍화점 장사하던 회회아비를 거쳐 지금도 오롯이 살아 있습니다.

한국 남자든 여자든 외국에 돈 벌러 갔는데 살기가 재미없고 팍팍하여 그 외국 사람과 사귀었을 경우, 알 수 없는 외국인의 돌연변이를 두려워하여, 아니면 한국으로 돌아와 결혼할 속셈으로, 또는 한국 호적에 이미 처자식이 올라 있어, 등등의 이유로 가능한 방법이 있다면 한국 호적을 깨끗이 유지하고 싶겠지요.

한국에 오는 외국인들도 마찬가지 심정일 것입니다. 방법이 있으면 자유롭게 떠날 수 있을 때 떠날 수 있는 한 마리 파랑새처럼 살고 싶겠지요.

먼 원조는 처용이겠지만, 가까운 과거의 원조는 미국인입니다. 미국인은 한국에 있는 동안 결혼하여 한국 호적에 올리고 살았지만 떠나가면 돌아오지 않는 한 마리 파랑새였습니다.

왜, 미국에 혼인등록이 되어 있지 않았으니까요.

한국 호적에서만 혼인상태일 경우라면 미국에서 이혼하고 다시 결혼하는 부담이 전혀 없을 테니까요. 그 전통을 지금은 영어 학원 미국인 강사들이 그대로 이어받아 오고 있습니다.

한국인과 결혼하는 미국인들 대부분은 가짜 결혼 서류를 제출하여 한국 호적에 이름을 올리고 있습니다.

미국인들이 한국인과 결혼하기 위해 사용하는 가짜 서류

  태초에 로고스가 있었습니다. 한국인과 결혼하는 외국인의 국제 결혼 허위 · 위조 서류의 로고스는 미국인의 결혼 위조 서류라고 할 수 있을 것 같습니다.

  어디 원룸에 엎드려 개인 문서로 작성한 영문 혼인신고서에 서울시의 수입증지가 붙어 있고 종로구청의 접수 처리인이 날인되어 있는 것을 보면 터무니없는 가짜 서류를 혼인신고에 적합한 서류로 알고 접수 처리하여 등록기준지로 송부한 모양입니다.

  미국인 본국의 미 재혼을 확인할 수 있는 미국 국가기관이 발행한 공적 서류는 어떤 것일까 고민 한 번 하지 않았겠지요.

REPORT AND CERTIFICATE OF MARRIAGE	
BRIDEGROOM	BRIDE
Name in full: (first-middle-last)	Name in full: (first-middle-last)
Father name:	Father name:
Mother maiden name:	Mother maiden name:
Permanent address: (on Family Census Register or in the U.S.) Binghamton, New York 13905	Permanent address: (on Family Census Register or in the U.S.) 589, Kamchon-ri, Yongyang-up, Yongyang-kun, Kyongpuk-do, Korea
Present address: C/O. U.S. Embassy ; Seoul So-ku, Inchon special city, Korea	Present address: So-ku, Inchon special city, Korea
Date and Place of birth: Seoul, Korea	Date and Place of birth: Kyongpuk, Korea
Occupation: Student	Occupation: Unemployed
Citizenship proven by: Certification of Birth Abroad	Citizenship proven by: Certificate of family relationship
Previously married to: Ji Eun KANG	Previously married to: N/A
If terminated by death, date:	If terminated by death, date:
If terminated by divorce, Court: Seoul Family Court Case No.: 2007 Nu 3182 Decree date: Feb.7, 2007 Date divorce final: Feb.14, 2007	If terminated by divorce, Court: Case No.: N/A Decree date: Date divorce final:
Signature of Bridegroom	Signature of Bride
Witness *Chonghwi Chong* Consular Section U.S. Embassy Seoul, Korea	Witness Consular Section U.S. Embassy Seoul, Korea

The Mayor of Jong-No-Gu Seoul, Korea, hereby accepts notification of this marriage

The Mayor of Jong-No-Gu   Seoul, Korea

Republic of Korea   )
Special City of Seoul   ) s.s.
Embassy of the United States of America)

Elizabeth K.Lee
Vice Consul

I, Vice Consul , Vice Consul of the United States of America at Seoul, Korea, duly commissioned and qualified, do hereby certify that Kim Choong Yeol whose true signature and official seal are respectively subscribed and affixed hereto was on the date 2008. 02. 25 , the date thereof, Mayor of Jong-No-Gu Seoul, Korea, to whose official acts, faith and credit are due. For the contents of this document, I assume no responsibility.

In witness whereof, I have hereunto set my hand and affixed the seal of the Embassy of the United States of America at Seoul on this date 2008. 02. 25

Elizabeth K.Lee
Vice Consul

Vice Consul of the United States of America at Seoul, Korea

SEO-209
01/01

파키스탄이나 방글라데시, 인도네시아, 필리핀, 남자들이 한국 여자와 결혼할 때 사용하는 서류들과 내용도 비슷하고 양식도 거의 같아 가히 위조 서류의 원조라 불러도 부끄러움이 없을 만합니다.

그래서 얼마나 터무니없는 내용인지, 번역해 보는 수고는 하지 않아도 될 것 같습니다.

국제결혼 서류를 유엔 총회에서 정하여 세계 모든 국가가 동일한 양식과 내용으로 통일하지 않은 이상 있을 수 없는 일이지요.

그런 서류를 한국에서는 다양한 국가의 남자들이 한국인 여자들과 결혼한 후 호적관서에 혼인신고할 때 사용하고 있습니다.

이런 가짜 서류로 결혼한 한국 여자들이 미국에 가서 잘 먹고 잘살지 않느냐고 하시며 이게 진짜 서류라고 말씀하시는 분들 있겠지요.

국제결혼 혼인신고할 때 필요한 서류는 본국에서 미혼이라는 서류를 떼 와서 혼인신고하여 우리나라 호적에 올린 뒤 혼인 사실이 올라간 서류를 외국인의 본국으로 가져가 혼인등록하는 곳에 등록하는 방식이 있습니다.

한국에서 가짜 서류로 혼인등록했다 하더라도 본국에 가서 함께 살 마음이 있다면 한국에 혼인등록된 서류를 준비하여 본국 혼인등록기관에 등록하는데 있어 미혼인 사실이 진실하다면 아무런 장애가 없다는 것입니다.

한국에서 즐겁고 행복하게 놀아나다가 적당할 때 한 마리 파랑새로 날아가 버리든가 아니면 본국으로 데려가 살든가 오로지 미국인의 마음에 달려 있습니다.

호적관서에서는 가짜 서류를 가져가도 가족관계부에 등재하여 외국인 본국 신분관계와는 전혀 무관한 신분증명서를 얻을 수 있는 기회를 제공하고 한국 생활에 전혀 불편이 없도록 비자도 결혼비자로 바꾸어 줍니다.

마음 내키면 위조된 서류로 만들어진 한국 진짜 신분증명서를 참으로 믿으며 아이 낳고 일생 동안 한국인으로 살아갈 수도 있습니다.

이것도 저것도 싫으면 어느 날 갑자기 비행기를 타고 구름 넘어 훌쩍 본국으로 돌아갈 때도 이혼하네 마네 하는 귀찮은 일 따위 같은 일은 하지 않아도 됩니다.

미국에 본처가 있으면 그냥 그대로 본처의 믿음과 신뢰 속에 그대로 살면 되고 미국에서 결혼하지 않았으면 사랑스러운 고향의 아가씨와 새로 사귀어 결혼하면 됩니다.

여러분 가능하다면 먼 이국땅에 가서 이국의 아름다운 여자와 꿈 같은 생활을 하고 싶지 않습니까.

한국에서 결혼하여 처자식이 있든 결혼하지 않았든 아무런 문제가 없습니다. 오로지 여러분의 마음에 달려 있습니다.

단, 한국처럼 국제결혼 서류를 엉성하게 처리하여 자국민을 외국인의 노리개로 상납할 준비가 기꺼이 되어 있는 나라만 물색하시면 됩니다.

그런 나라 어디 없나. 놀기 좋고 돈 벌기 좋고… 대한민국 짝— 짝— 짝—

U.S. Department of Justice
Immigration and Naturalization Service

Notice of Action

THE UNITED STATES OF AMERICA

RECEIPT NUMBER WAC-01-279-52431		CASE TYPE I129F PETITION FOR FIANCE(E)	
RECEIPT DATE September 9, 2001	PRIORITY DATE	PETITIONER	
NOTICE DATE September 13, 2001	PAGE 1 of 1	BENEFICIARY	

GARY G. BALA
RE:
201 ELLIS RD STE 1
HAVERTOWN PA 19083

Notice Type: Approval Notice
Valid from 09/13/2001 to 01/12/2002
Consulate: BOGOTA

The above petition has been approved, and forwarded to the listed consulate. Please contact the consulate with any questions about its processing. If you would now like to request the petition to a different consulate, the petitioner can also file Form I-824, *Application for Action on an Approved Application or Petition*, with this office to request that we notify another consulate of the petition approval for visa processing purposes. THIS FORM IS NOT A VISA AND MAY NOT BE USED IN PLACE OF A VISA.

When the person this petition is for enters the U.S. based on this visa, he or she will be admitted for ninety (90) days in order to marry the petitioner, and based on that marriage file for adjustment to permanent resident status on Form I-485. The form to apply for adjustment can be obtained at any local INS office or INS forms center. Please attach a copy of this notice to the adjustment application when you file it.

If the petitioner and the fiance(e) do not marry within these 90 days, status will expire, and he or she will be in violation of the Immigration and Nationality Act if he or she does not depart. An extension cannot be granted. It is requested that the petitioner inform his or her local INS office if he or she determines that the marriage will not take place within the 90 day period. Please attach a copy of this notice to any correspondence about this case.

Please see the additional information on the back. You will be notified separately about any other cases you filed.
IMMIGRATION & NATURALIZATION SERVICE
CALIFORNIA SERVICE CENTER
P. O. BOX 30111
LAGUNA NIGUEL CA 92607-0111
Customer Service Telephone: (949) 831 8427

미국 Marrage licence 샘플

 미국 결혼제도에서 미혼자임을 확인하는 방식은 결혼허가증을 발급받는 방식을 취하는 것입니다.
 결혼에 대한 사전허가를 국가로부터 받아 지정된 날짜까지 결혼식을 거행하고 결혼등록하게 되어 있습니다.
 51개 주나 되니 이런 식으로 하지 않으면 미혼자 확인도 어려울 것 같습니다.

 미국인이 정상적으로 한국에서 결혼하려면 결혼허가증을 받아 공증하고 외교부에서 인증받은 후 한국 영사관에서 인증받아 보내야 하겠지요. 한국에서 혼인신고 후 미국에 혼인등록 이게 정상적 과정입니다.

REPORT AND CERTIFICATE OF MARRIAGE

THE HONORABLE
THE MAYOR OF THE SPECIAL CITY OF SEOUL, KOREA
The following marriage is hereby reported.

BRIDEGROOM	BRIDE
NAME (full):	NAME (full):
Father's Name (full):	Father's Name (full):
Mother's Maiden Name:	Mother's Maiden Name:
Permanent Address (Current Australian Address): NSW Australia 2122	Permanent Address (Family Census Register Address): Yangchon-myeon, kimpo-city, Gyeonggi-do Korea
Present Address: Gangseo-Gu Seoul, South Korea	Present Address: Jong Gangseo-Gu Seoul, South Korea
Date and Place of Birth: Newcastle	Date and Place of Birth: Kimpo
Occupation: Student	Occupation: Hairdresser
Bridegroom's citizenship proven by: Australian Passport	Bride's citizenship proven by: Korea Passport
Previously married to (list all previous marriage):	Previously married to (list all previous marriages):
Termination by death, date	Termination by death, date
Divorce: 19/6/2007	Divorce:
Court: Sydney Family Court	Court:
Case No.: (P)54YC323012007	Case No.:
Decree date: 19/6/07	Decree date:
Date divorce final: 19/6/07	Date divorce final:
(BRIDEGROOM'S SIGNATURE)	**(BRIDE'S SINGNATURE)**
(WITNESSED BY)	(WITNESSED BY)

THE HEAD OF Jong-No-Gu GU WARD OFFICE, KOREA, HEREBY ACCEPTS NOTIFICATION OF THE ABOVE MENTIONED MARRIAGE.

Kim choong yong

THE HEAD OF Jong-No-Gu WARD OFFICE
AUSTRALIAN EMBASSY, SEOUL, REPUBLIC OF KOREA

I, LIANG ZENG, Consul/Vice Consul at the Australian Embassy Seoul, Korea, do hereby certify that KIM CHOONG YONG whose true signature stamp and official seal are respectively subscribed and affixed to the foregoing certificate, was on the _____ day of MAY 2009, the date thereof, the Head of Jong-No-Gu Ward Office.

In so certifying, neither I nor the Embassy verify or make any statement as to the accuracy, truth, legality or otherwise of the contents of the document or the purpose for which the document may be used. Neither I nor the Embassy accept liability for any loss, damage or injury arising out of the use of, or reliance on, the document or its contents. I provide no undertaking that I have read the contents of the document.

GIVEN under my Hand and the seal of the Australian Embassy this _____ 2009.

Consul/Vice Consul at the Australian Embassy Seoul, Korea
Liang (Lee) Zeng CA

호주 가짜 서류, 노골적으로 솔직한 호주 대사관

미국과 호주, 영국, 캐나다 등 이런 나라 국민이 한국에서 한국인과 결혼할 때 사용하는 서류들은 얼핏 보기에 거의 비슷해 보입니다.

다른 나라에서는 서류 내용에 책임질 수 없다는 영문 한 줄을 밤고양이가 몸을 감추듯 눈에 잘 띄지 않게 끼워 넣어 둡니다.

그렇지만 호주 대사관은 아주 노골적으로 결혼 서류가 가짜 서류라고 지적하며 영사인을 찍어주고 있습니다.

> In so certifying, neither I nor the Embassy verify or make any statement as to the accuracy, truth, legality or otherwise of the contents of the document or the purpose for which the document may be used. Neither I nor the Embassy accept liability for any loss, damage or injury arising out of the use of , or reliance on, the document or its contents. I provide no undertaking that I have read the contents of the document.

'나와 호주 대사관은 문서의 정확성과 진실성, 합법성 및 기타 문서 내용 또는 문서가 사용될 목적에 대해서 증명하지도 않고 어떤 언급도 하지 않는다.

　나와 호주 대사관은 문서 사용과 문서에 대한 신뢰로 발생하는 손실, 손해, 피해에 대한 책임을 지지 않는다.

　내가 읽은 문서와 문서의 내용 에 대해 책임을 지지 않는다.'

　- 호주대사관에서

　이렇듯 솔직하게 어디에서도 사용할 수 없는 허섭스레기 서류라고 대사관 차원으로 아예 확인 날인해 주고 있습니다.

　한국인과 결혼하는 호주인들이 이런 가짜 서류를 사용한다. 하고 확인 도장을 날인해 줍니다.

　호주 대사관은 이렇게 명백히 사실을 적시하고 있지만 이런 진실에 대한 호소를 외면하며 가족관계부에 덜컥 이름을 올려 주고 있으니 담당자님들이 아주 크게 잘못하고 있는 것이지요.

한국인과 결혼하는 영국인 가짜 결혼신고 서류

더 이상 설명은 필요 없을 것 같습니다. 대영제국이었지만 가짜 결혼 서류는 미국의 푸들이라고 보면 적합할 것 같으니까요.

REPORT AND CERTIFICATE OF MARRIAGE

THE HONOURABLE THE MAYOR OF __Jong-Ro-Gu__, SEOUL, KOREA

The following marriage is hereby reported

BRIDEGROOM	BRIDE
Name in full ;	Name in full ;
Father's name in full ;	Father's name in full ;
Mother's maiden name ;	Mother's maiden name ;
Permanent address ; (normal residence) __Argyll, Scotland, U.K.__	Permanent address ; (address on family register) __Andong city, KyungSangpookdo, Korea__
Present address ;	Present address ; __YoungJu si, Kyungsangpookdo, Korea__
Date and place of birth; __Strewan Lodge Maternity Hospital, Dungan, Argyll, Scotland__	Date and place of birth; __Andong city, Kyungsangpook do, Ko__
Occupation ; __professor__	Occupation ; __Art teacher__
Bridegroom's __British__ citizenship proven by __Passport No : M0261570__	Bride's __Korean__ citizenship proven by __Family Census Register__
Previously married to ; If terminated by death, date ; If terminated by divorce, a. Court ; b. Case No ; c. Decree date ; d. Date divorce final ;	Previously married to ; If terminated by death, date ; If terminated by divorce, a. Court ; b. Case No ; c. Decree date ; d. Date divorce final ; __None__
(BRIDEGROOM)	(BRIDE)
(WITNESS) Present address ; __pa dong, Seoul__	(WITNESS) Present address ; __pa dong, Seoul__
Date of birth ; Occupation ; __business__	Date of birth ; Occupation ; __Government__

THE MAYOR OF __Jong-Ro-Gu__, SEOUL, KOREA HEREBY ACCEPTS NOTIFICATION OF THE ABOVE MENTIONED MARRIAGE

__JEONG HEUNG JIN__   THE MAYOR OF __Jong-Ro-Gu__, OF SEOUL

REPUBLIC OF KOREA, SPECIAL CITY OF SEOUL
EMBASSY OF THE UNITED KINGDOM

I, Whasun Lee, British Vice Consul of the British Embassy at Seoul, Korea, do hereby certify that Mr Jeong Heung Jin whose true signature and official seal are, respectively, subscribed and affixed to the foregoing certificate, was on the Seventeenth day of August 2001 the date thereof, the Mayor of __Jong-Ro-Gu__, Seoul, to whose official acts faith and credit are due. For the contents of this document, I assume no responsibility.

IN WITNESS WHEREOF I HAVE HEREUNTO SET MY HAND AFFIXED THE SEAL OF THE BRITISH EMBASSY AT SEOUL, KOREA THIS Seventeenth DAY OF August 2001.

BRITISH VICE CONSUL AT
SEOUL, KOREA

한국인과 결혼하는 캐나다인 가짜 결혼신고 서류

　미국, 영국, 캐나다, 호주, 뉴질랜드 등의 나라는 모두 같은 영연방국가라고 같은 서류를 사이좋게 사용합니다.
　모두 대한민국 영어교육을 위하여 지대한 공헌을 하였다는 공로를 인정받아 한국에 살고 있는 동안 한국 사람으로부터 안락한 가정서비스를 받을 수 있도록 가짜 서류로 한국 가족관계부에 이름을 올릴 수 있는 특권을 부여받은 것 같습니다.

　안락한 가정서비스를 제공하지 못하거나 외국인의 본국에 기다리고 있는 본처가 그리워질 때까지, 혹은 외국인의 고향 아가씨가 목 놓아 기다리고 있을 경우, 마음도 가볍게 은빛 한 마리 비둘기 되어 구름 넘어 반짝이는 날개를 파닥거리기만

REPORT AND CERTIFICATE OF MARRIAGE

The following marriage is hereby reported :

BRIDEGROOM	BRIDE
Name in full	Name in full
Father's name in full Mother's full maiden name HONCIN	Father's name in full Mother's full maiden name
Permanent address (on Family Census Register or in Canada) NIAGARA FALLS ON CANADA L2H 2A3	Permanent address Wando Kun, Jeonl Rnar (on Family Census Register or in Canada) C-301, Samwoo Building, 56A-18, O Jungdong Bucheon, Kyunghido, South Korea
Present address	Present address Daemyeong Emsville Bucheon, Kyeonghido, South K
Date and place of birth NIAGARA FALLS CAN	Date and place of birth Bucheon, South Korea
Occupation ENGLISH TEACHER	Occupation Sales person
Bridegroom's Citizenship : CANADIAN Citizenship proven by : PASSPORT	Bride's Citizenship : KOREAN Citizenship proven by : KOREAN ID
Previous marriages (list all) Name If terminated by death, date If terminated by divorce/annulment Court Case No. N/A Decree Date Date Divorce Final	Previous marriages (list all) Name If terminated by death, date If terminated by divorce/annulment Court Case No. N/A Decree Date Date Divorce Final
Signature of Bridegroom	Signature of Bride
Witness Name Date of Birth Address Building, O Jungdong, Buch	Witness Name Date of Birth Address Samwoo Building, 2 Jungdong, Bu Chee

The Chief of Jong—No—Gu KOREA, hereby accepts notification of this marriage. Korea

Kim Choong yong   Chief of Jong—No—Gu Ku Office

REPUBLIC OF KOREA
SPECIAL CITY OF SEOUL
EMBASSY OF Mia-Seok Yang
Consular Program Assistant
Consular Section
at Seoul, Korea, duly commissioned and qualified, do hereby certify that
_____, whose true signature and official seal are respectively subscribed and affixed hereto, was on the date of Jan 18, 2008, the date hereof, the Mayor/Chief of Ku Office, to whose official acts, faith and credit are due. For the contents of this document, I assume no responsibility.

IN WITNESS WHEREOF, I HAVE HEREUNTO SET MY HAND AND AFFIXED THE SEAL OF THE CANADIAN EMBASSY AT SEOUL, KOREA ON THIS DATE Jan 18, 2008 .

Mia-Seok Yang
Consular Program Assistant
Consular Section

하면 날개 아래 한국 땅은 꿈결 속에 희미하게 사라져 갈 것입니다.

가짜 서류로 결혼하였으니 날아간 비둘기의 진짜 둥지가 어딘지 알 수도 없고 목 놓아 구름 넘어 쳐다보아도 깃털 한 올 흔적 없습니다.

종군위안부를 끌고 간 일제에 대해서는 치를 떨면서도 가짜 결혼 서류로 한국인이 농락당하는 것은 무심히 방치되고 있습니다.

숫자나 피해의 심각성은 종군위안부의 경우를 훨씬 상회하고 있겠지만 본인의 선택에 의한 일이라고만 여기고 있겠지요.

자국민을 보호하기 위하여 국제결혼에 통제를 가하고 엄격하게 결혼 자격을 따지는 캄보디아나 베트남 같은 나라보다 못한 나라는 아니지 않습니까.

한국인들의 피해 방지를 위한 세심한 배려가 요구됩니다.

한국인과 결혼하는 스리랑카 가짜 결혼 서류

국가는 다르지만 한국인과 결혼할 때 사용하는 가짜 서류는 한결같이 비슷하니까 더 이상 같은 설명을 반복하지 않겠습니다.

다만 간단한 영문 해석만 한 번,

Subscribed and sworn to before me, on this date _____ at Seoul, Korea.

Srilanka Embassy has no information concerning the affiant's marital status.

Vice Consul of the Srilanka

"스리랑카 대사관은 진술자의 결혼 자격에 관한 정보를 가지고 있지 않습니다."

BRIDEGROOM	BRIDE
Name in full:	Name in full:
Father's name:	Father's name:
Mother's maiden name:	Mother's maiden name:
Permanent address: Vetharandaniya, Srilanka	Permanent address: #803, Kichon-ri, Paltan-myon Hwasong city, Kyonggi-do, Ko
Present address: Paltan-myon, Hwasong city, Kyonggi-do	Present address: Paltan-myon Hwasong city, Kyonggi-do, Ko
Date and Place of birth: Tangalle, Srilanka	Date and Place of birth: Hwasong, Korea
Occupation: Employee of Company	Occupation: Unemployed
Citizenship proven by: Passport No.	Citizenship proven by: Family census register
Number of children with spouse of this marriage: N/A	N/A
Number of children prior to this marriage: N/A	Number of children prior to this marriage: N/A
Previously married to: N/A	Previously married to: N/A
If terminated by death, date:	If terminated by death, date:
If terminated by divorce, Court: Case No.: Not applicable Decree date: Date divorce final:	If terminated by divorce, Court: Case No.: Not applicable Decree date: Date divorce final:

Republic of Korea   )
Special City of Seoul   ) s.s.
)

I(We), the above named Srilankan , being duly sworn, I(we) depose and say: that I am(we are) of marriageable age and the consent of neither parents nor guardian is required, or if required given; that we are not blood kin to the other in any degree; that I am (we are) not now married, that there is not hindrance, legal or otherwise, to this marriage and that all facts concerning me(us) set forth upon this document are true, correct and complete.

Signature of Bridegroom,   Signature of Bride,

Subscribed and sworn to before me, on this date _____ at Seoul, Korea.

Srilanka Embassy has no information concerning the affiant's marital status.

Vice Consul of the Srilanka
A.   weera Band
2nd
Em   Democratic Socialist
Rep   a
South Korea.

REGISTER OF MARRIAGES
Marriage Registration Ordinance (Cap 112)

Registration B — (High Reg P. & SC S.T. &

Issued Free of Charge

District: _____ Division: _____

	Male Party	Female Party
1. Names (in full) of Parties	Vedana pathirana Samith Kumara	
2. Age (in years)	27	21
3. Civil Condition	Bachelor	spinster
4. Rank or Profession and Race	Sri Lankan	Korean
5. Residence	Wawe kade Vithara udeniya	Hwaseong City Kyonggi
6. Father's Name (in full)	Gunapala	
7. Rank or Profession of Father		
8. Name and Division of Registrar who issued Certificate	A H Ranaweera Banda Embassy of Sri Lanka South Korea	
9. Place of Solemnization of Marriage	Embassy of Sri Lanka South Korea	

Solemnized by me (or in my presence) this _____ day of September #200_

A.M. Banaweera Banda
2nd Secretary
Embassy for the Democratic Socialist
Republic of Sri Lanka
South Korea

Registrar (or) Minister (as the case may be)

The Marriage was _____ us in the presence of

Witness:
Full Name, Profession and Residence of Witness:
Gedamanne Vidanapathi
Saman Kumara
5th Mile post
Balaharuwa, Uwakada

Witness:
Name in full, Profession and Residence of Witness:
Adikari Mudiyanselage
Anura Kumara Adika_
No. 73, Bokkahata Road
_____ Ka_

Signed before me.
Registrar (or) Minister.

역시 스리랑카 대사관에서 나왔다는 서류도 여러 종류이군요.

가짜 결혼 준비해 주는 곳에서 업자들끼리 담합하여 통일된 양식을 사용한다면 법정양식인가 하고 믿을 수도 있을 것인데 업자들마다 자기만의 양식을 사용하여 결혼등록을 하도록 합니다.

뭐 그래도 단 한 번도 호적관서 창구에서 거부된 적이 없다는 것이 중요하지요.

우즈베키스탄 결혼등록 서류

우즈베키스탄 외교부의 인증인은 누락되어 있으나 그나마 구색은 갖추었다고 여겨져 국제결혼 준비 서류라고 할 만한 것을 아주 드물게 구경할 수 있겠습니다.

우즈베키스탄이 무슨 문자를 사용하는지 알지도 못하고 해득할 능력도 없지만 문서의 형식으로 보아 진본으로 여겨지기에 진본으로 알고 이야기하겠습니다.

우선 발급 관공서의 발급 일련번호가 있고 공증인 사무실에서 공증을 받은 공증 도장이 날인되어 있습니다.

우즈베키스탄 외교부 인증인이 있어야 하지만 누락되어 흠이지만 한국 대사관의 인증인은 있습니다. 공증인과 영사 인

Entry No. 1075
of 26.08.2003

Certificate

This is to certify that as for the citizen
             Mustafokulovich,   year of birth,
inspection has been conducted since September 2002 to
present.

There is no Official entry of his marriage

all over Samarkand city and Samarkand Region available.

Certificate has been issued to whom it may concern.

National Emblem Seal
Head of the District Civil Registry Office signed
G.Fayzullaeva

증이 날인되어 있는 영문 번역본도 함께 있습니다.

  이렇게 원본과 영어 번역본이 함께 공증되어 인증되어야 정상적인 것이라 할 수 있으나 이런 간단한 절차조차 누락하고 한국인과 결혼하려는 자들은 허위 서류를 준비합니다.

  어떤 결혼 서류든 외국에서 한국으로 보내져 와 사용될 서류는 그 나라의 합당한 권한 있는 신분증명서 발급기관에서 발급된 후 원문과 원문의 영어 번역본이 함께 공증되어야 하고 그 후 그 국가의 외교부에서 인증을 받은 후 한국 대사관에 인증받아 송부되어 와야 정상적인 서류라고 할 수 있습니다.

  진본 서류라고 믿어지는 우즈베키스탄 국제결혼 서류를 하나 올렸습니다만, 대부분의 우즈베키스탄인 남자들이 한국인과 결혼할 때 사용하는 서류들은 앞에서 예를 든 허위·위조 서류들의 범주를 벗어나는 것은 아닙니다.

  또 예시하지 않은 나라들의 국제결혼 서류도 이 범주를 크게 벗어나지 않으므로 더 이상 예시는 하지 않겠습니다.

  잘못된 국제결혼 서류는 바로 한국인의 피해로 직결될 수 있는 중요한 외국의 공적 서류이므로 관계 담당자님들은 살펴보고 또 살펴보아 한국인 국제결혼 희망자들의 피해를 최소화하도록 하여야 하겠습니다.

가족관계부에 잘못 기록이 되는 순간 그 무겁고 힘든 짐은 그 본인뿐만 아니라 후손들에게도 지울 수 없는 더러운 오점으로 남겨집니다. 설사 재판으로 원인무효인 것으로 판결이 나도 그 사실이 기록으로 남아 두고두고 창피스러운 개인 기록의 징그러운 흉터가 됩니다.

우즈베키스탄인이 결혼신고할 때
사용하는 가짜 문서 하나

　우즈베키스탄 외부 지역에서 등록된 결혼은 우즈베키스탄과 외국인 사이의 결혼은 우즈베키스탄 가족법 235조에 따라 그들이 거주하는 지역의 법에 따라 우즈베키스탄에서 유효하게 인정된다.

　이 규정에 따라 우즈베키스탄 대사관은 다음 사람 사이의 결혼은 유효함을 확인합니다.
　비슷한 사안을 여러 차례 설명을 드렸기에 더 이상 설명은 생략하겠습니다.

**Embassy of the
Republic of Uzbekistan
Seoul, Korea.**
주한 우즈베키스탄 대사관
NO. KO-C-117
20.06.2008

MARRIAGE CONFIRMATION

In accordance with article 235 of Family Code of the Republic of Uzbekistan, marriages between Uzbek and foreign citizens registered outside of territory of the Republic of Uzbekistan in accordance with laws of the state in which territory they are made, will be accepted as valid in the Republic of Uzbekistan.

In this connection the Embassy confirms, that the marriage between following citizens is valid:

Name: Lyan Andrey

Date of birth

Citizenship   Korea   Uzbekistan

ID/Passport   CA

I.Abdulkhuseynov
Consul

인도인이 한국인과 결혼할 때
사용하는 문서 하나

인도 영사인 나는, 인도인 LA와 한국인 정이 외국인 결혼법 17조에 의거하여, 그들 각각이 언급된 결혼이 등록되기를 희망한다는 것을 글로 알려 왔고.

나와 아래 서명한 세 명의 증인 앞에서 2006. 08. 24 결혼식이 거행되었음을 선서하였으며 그들은 결혼식 이래 남편과 아내로 함께 살고 있으며 언급된 결혼은 2006. 09. 06 인도 외국인혼인법에 의거 등록되었음을 증명합니다.

인도인들이 한국 땅에서 한국인과 결혼하였다고 호적관서에 제출하는 서류를 번역해 보았습니다.

주한 외국 대사관에서 한국의 행정기관처럼 공적 서류를 발

EMBASSY OF INDIA, SEOUL

FORM-II

CERTIFICATE OF REGISTRATION OF MARRIAGE

I _____, hereby certify that _____ INDIAN PASSPORT NO. and _____ informed me in writing that they desire their marriage to be registered under Section 17 of Foreign Marriage Act, 1969 (33 of 1969) and that each of the parties to the said marriage, in my presence and in the presence of three witnesses, who have signed hereunder, have declared that a ceremony of marriage has been performed between them on the __24th__ day of __August, 2006__ and that they have been living together as husband and wife since then, and the said marriage on this day of __6th September, 2006__ has been registered under this Act.

(signed)
A. GHOSH
ASSTT. CONSULAR OFFICER
EMBASSY OF INDIA
SEOUL

NAME AND SIGNATURE OF HUSBAND __LAKHA Singh__ *(signed)*
INDIAN PPT. NO.

NAME AND SIGNATURE OF WIFE _____
KOREAN ID No.

NAME AND SIGNATURE OF WITNESS __SHYAM BANSAALI__ *(signed)*
INDIAN PPT. NO.

NAME AND SIGNATURE OF WITNESS __LAL SINGH__ Lal Singh, PP NO.: E9105 INDIAN

NAME AND SIGNATURE OF WITNESS _____
KOREAN ID No.

(signed)
A. GHOSH
ASSTT. CONSULAR OFFICER
EMBASSY OF INDIA
SEOUL

급할 수 없다는 것을 거듭 이야기하였지요.

　주한 외국 대사관에서 외교문서를 작성하여 한국 외교부에 보내는 것은 있을 수 있는 일이지만 한국의 일선기관에 직접 어떤 공적 문서를 내릴 수 없는 것은 당연한 일 아니겠습니까.

　한국 호적관서에 필요한 서류는 인도의 외국인 혼인법에 따라 등록되었음을 증명하는 인도 영사의 개인 사신 형태 문서로는 될 수 없고 인도의 정당한 혼인등록관청에서 발급한 인도의 혼인증명에 관한 법정양식으로 발행된 것만이 정당한 혼인증명서입니다.

　한국의 혼인증명에 관한 공적 문서라 할 수 있는 가족관계등록부 대용으로 인도 주재 한국 대사관 영사님이 사신 형태의 문서를 적당히 작성하여 인도 행정기관에 결혼증명용 문서로 제출하는 일은 있을 수 없습니다.

　이 점은 인도 대사관도 마찬가지입니다. 보시는 문서가 한국의 가족관계부에 대응할 만한 인도의 공적 서류로 보이지는 않지요.

　인도에서 발행된 공적 서류가 외국에 사용되기 위해서는 공적 서류 유통절차에 따라 공증되고 인증되어 한국으로 송부되어 와야 합법적인 절차를 거친 서류로 인정되겠습니다.

인도는 중국에 필적하는 인구 대국입니다. 중국만큼 인구 유출 압력은 강력하여 세계 곳곳에 인도인들이 자리를 잡아 중국 화교에 버금가는 집단을 형성하고 있습니다.

한·인 인력 이동에 관한 협정이 이루어졌습니다.

중국인의 가짜 서류로 큰 산을 이룬 경험을 인도 가짜 서류로 다시 한 번 반복할 결심을 세운 건 아니시겠지요.

김해 허씨 허황옥의 새로운 전설을 그리워하여 인도 서류는 무엇이든 좋다고 혼인신고를 받아주고 있습니다.

결혼신고 서류들에 대한 불편한 진실 하나

  이제까지 주한 외국대사관 공증인이 있는 서류들을 외국 대사관에서 공증해 준 것으로 계속 표현해 왔습니다.
  그러나 주한 외국대사관에서 터무니없는 가짜 서류에 대사관인을 날인해 준다는 것은 상식 밖의 일이지요.
  영문 위조 서류의 양식과 내용, 영사의 이름과 서명인, 한국 관청의 직명, 구청장 또는 서울시장의 서명인 등을 종합해 잘 살펴보면 아주 조잡하여 모두 위조된 것이란 것을 알아차릴 수 있습니다.

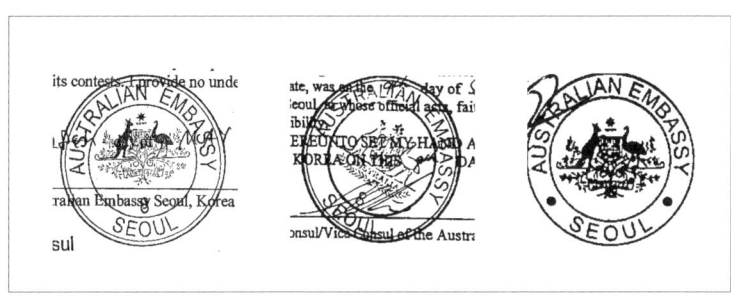

한국인과 결혼하는 경우의 수가 다른 나라에 비해 비교적 적은 호주 대사관 직인입니다.

잘 살펴보십시오. 각기 틀리다는 것을 알 수 있을 것입니다. 가짜 서류 만드는 곳이 한두 군데가 아니라 아주 여러 곳에 있다는 것이지요.

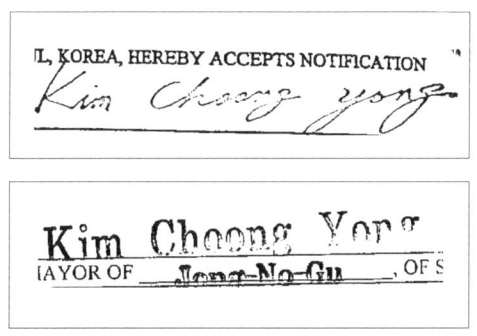

서울 시장 직인입니다. 설명 드릴 필요가 있을까요. 가짜 서류 만들어 오는 곳마다 적당히 만들어 찍어 온다는 것을 알 수 있을 것입니다.

또, 호주만 아니라 미국, 영국, 캐나다, 스리랑카, 중국 등등 한국에서 결혼하는 모든 외국인을 위해 가짜 서류 서비스하는 곳이 은밀히 숨어 있는 게 아니라 아주 보편적으로 널려 있다는 것입니다.

그러면, 지금까지 열거한 모든 서류들이 대사관 문앞 근처에 가 보지도 아니하고 대사관을 방문하여 공증인을 날인받은 것처럼 적당히 만들었다는 것을 알 수 있겠지요.

기본적으로 주한 외국 대사관에서 공적 서류를 발행할 수도 없고 해서도 되지 않으므로 주한 외국 대사관 명목으로 발행된 어떤 공적 서류도 한국에서 사용되어서는 되지 않는다는 것을 명심하신다면 외국의 국제결혼 위조 서류에 속는 일은 반감할 것입니다.

등잔 밑이 어둡다는 속담을 현실화시키는 서울은 신기한 도시입니다. 멀고 먼 외국에서 온 사람도 즉시 알 수 있는 것을 나라의 천리경, 만리통도 알아채지 못하는 사이 10만 명의 중국인이 한국인과 결혼하여 난지도만한 가짜 서류 산을 쌓았습니다.

그리고 모든 세계인이 아주 쉽고 편리하게 가짜 서류를 이용하여 한국인과 결혼할 수 있게 하는 서울은 신기한 도시입니다.

외국인의 결혼만 신기하게 이루어지는 게 아니라 이혼도 참 신기하게 이루어집니다.

  한국 법원에 이혼소송은 하지 않아도 외국인과 결혼한 한국인의 이혼은 외국인의 본국에서 이혼했다는 서류 준비해서 외국 주재 한국 대사관에 이혼신고만 하면 됩니다.
  그러면 영사관 또는 대사관에서 신고받은 것을 등록기준지로 발송하고 담당자님이 직권으로 가족관계등록부를 자동으로 정리하여 대한민국 법원의 판관님이 고생스럽게 일하지 않도록 조치하는 신기한 나라입니다.

  가족관계등록부에 올라간 외국인 이름하고 생년월일을 생판 다르게 바꾸어 와도 직권기재로 쉽고 간단하게 처리해 줍니다.
  외국인도 외국인의 본국에서는 이름하고 생년월일 고쳐 정리하려면 재판을 하든가 하는 절차를 거쳐 어렵게 바꿀 것입니다.
  판관님에게 가서 이런 절차를 제대로 거쳤는지 말았는지에 대해 한 번쯤 하라 마라하고 결정받아 할 일을 외국인이라고 직권기재로 수월하게 처리해 줍니다.

  한국인도 이혼이며, 생년월일 안 고치고 단순히 이름 정도 바꾸는 개명 같은 가족관계부 관계되는 일을 직권기재로 편의하게 정리해 주시지요.
  한국인이 가족관계부 정리 서비스에서 외국인에 비해 우대를 받지는 않아도 좋으니 역차별받는 일은 없어야 됩니다.

세상에서 가장 잘 알고 도저히 속거나 속일 수 없다고 믿어지는 반려자의 국제결혼 서류가 이럴진데 한국의 행정기관이나 공공기관 등에 제출되는 기타 외국의 문서가 어떠할 것인지 가히 짐작이 간다 할 수 있겠지요.

위조·허위 서류가 자유롭게 사용되는 파라다이스가 어디일까요. 전 세계인은 알고 있지만 그곳에 살고 있는 사람은 모릅니다.